워라밸

슬기로운 회사생활

워라밸 -슬기로운 회사생활-

저 자	윤성식
펴 낸 이	한헌주
펴 낸 곳	도서출판 K-books
등 록	1995년 11월 9일 제300-1995-138호
주 소	서울특별시 서대문구 독립문로 21-9
전 화	02-738-7035(대표)
FAX	02-722-4678
e-mail	kmsp@korea.com
홈페이지	http://www.kmsp.co.kr

초판 인쇄 2018년 9월 10일
초판 발행 2018년 9월 15일

값 9,000원
ISBN 978-89-420-0890-2 03320

저자 소개

1989년 삼성그룹 입사(삼성코닝)

1995년 삼성자동차

2001년 반도체 영업 Agent

2004년 넷돌(게임회사)

2008년 한옥목수 입문

2013년 에스원 상무 위촉

2017년 에스원 퇴사(12월)

저자의 글

회사를 그만 두고 잊기 전에, 현장감 떨어지기 전에 빨리 정리해 두고 싶었다. 사실 30대부터 선배나 상사로 부터 들었던 말들을 실행하면서 얻은 심득을 정리하려고 했으나, 차일피일 미루면서 못하고 있었다. 단지, 여기 저기 노트를 해 놓은 것이 있어 직원들에게 코칭 혹은 잔소리로 이야기해 주던 것이다.

그래서 책이라기보다는 좋게 보면 코칭 사례집이요, 나쁘게 보면 잔소리 엮은 것이다. 기존의 훌륭한 책들 보다는 투박하고 거친 것은 후배들에게 좋은 생각을 전하고 싶은 마음은 프로이나, 글 쓰는 재주는 아마추어이기 때문이다. 부끄럽지만 널리 양해 바란다.

책을 정리하다 보니 같이 일을 했던 선배와 동료 후배들을 다시 추억하게 되어 나름 의미가 있었다.

그 동안 나의 모든 행동을 이해해 주고 묵묵히 지켜보아 왔던 사랑하는 나의 아내 이혜경씨에게 고맙다고 지면을 빌어 전한다. ♥♥

윤성식

목 차

Chapter 01 무엇인가 되기를 원한다면, 스스로 무엇인가 되기를 선택해야 한다.

창조적인 인간이 되기 위한 방법은 다양하게 소개되고 있고, 관련 책도 많이 있다. 그럼에도 불구하고 "유쾌한 크리에이티브"에 있는 창조성을 얻는 방법을 여기에서 소개하는 이유는 그 방법이 내 마음에 와 닿았기 때문이다. 창조성을 얻는 방법, 그 첫 번째가 "창조적이 되기를 스스로 선택해야 한다."라고 되어 있다. 스스로 선택하라는 당연한 글귀를 보는 순간 스스로 선택하지 않으면 무엇도 될 수 없겠다는 생각을 했다. 과연 스스로 무엇이 되기를 선택한다면 그 선택에서는 절심함을 느껴질 것 같았다.

예전에 "부자아빠 가난한 아빠"라는 베스트셀러가 있었다. 물론 나도 읽어 보았는데 부자가 되지를 못했다. 스스로 부자아빠가 되기를 선택하지 않았던 것이다. 그냥 읽어 보고 책 잘 썼네, 그리하면 부자 되겠네, 하는 정도이지 않았을까 생각된다. 스스로 되기로 선택했다는 것은 진실 되고, 절실해야 하는 것이 아닐까? 그렇지 않다면 스스로 되기로 선택했다고 할 수 없는 것으로 생각된다. 스스로 되기로 선택하는 것이 새삼 중요하게 다가온다.

스스로 되기를 선택하지 않았다면 뭔가 하지도 않을 것 같다. 하지만, 우리는 평생 무언가를 해왔고, 하고 있고, 할 것이다. 무엇이 되기 위해 인지를 알든 모르든 간에 말이다. 스스로 선택하고 한다는 것은 사랑하는 사람에게 먹일 음식을 만드는 것처럼 모든 설렘과 정성이 보태 질 것이다. 그 음식을 받는 사람은 보기만 해도 행복하고 먹지 않아도 배가 부를 것이다.

창조성을 얻는 방법으로 돌아가 보자. 이제 창조적이 되기로 결정했다면, 그는 창조적인 사람이 되기 위해서 무엇을 할 것인가를 생각할 것이다. 또는 주변 사람이나, 선후배, 스승, 책에게 조언을 구하고 창조적인 사람이 되기 위한 실천을 할 것이다. 매우 쉬운 일이고 누구나 할 수 있는 일임에도 오늘도 창조적인 사람은 드물고 많은 사람이 고민하고 있다. 크게 두 가지 문제를 생각해 볼 수 있다. 첫 번째는 구체적으로 무엇이 되기를 선택하지 않은 것이고, 두 번째는 너무 완벽하게 준비하다 지쳐서 시작도 못한 것이 아닐까 생각한다.

저 갈매기는 무엇을 선택할 것인지 지켜보자

졸업반이 되면 취업을 위해서 다양한 준비를 한다. Spec도 쌓고, 적성검사도 공부하고 자기소개서도 열심히 쓰는 등 다양한 일을 한다. 그럼에도 취업은 너무 어렵다고들 한다. 도대체 어떤 선택을 했길래 이렇게 어려운 것인지 스스로 한 선택을 되돌아보자. 어디든 취업이 되기를 원하는가? 공무원이 목표인가? A라는 회사의 회사원이 되기를 원하는가?, 혹은 A라는 회사의 임원이 되는 것이 목표인가? 사장이 되는 것이 목표인가?

되기를 선택하는 뭔가가 다르다면 준비하는 것도 다르지 않을까? 국내 대기업과 외국회사, 중소기업이 바라는 인재상, 각각의 기업들의 문화가 다 같지 않을 것이다. 공무원은 틀림없이 다를 것이다. 세상의 모든 기업이 각자의 문화와 경영원칙, 인재상이 다를 것이 분명하다. 따라서 취업 준비도 당연히 달라야 하는 것이다. 그래서 스스로 되기를 선택하는 것이 무엇이 되는 것에 가장 중요한 첫 번째 일인 것이다.

다시 질문

1. 무엇이 되기를 선택 했나? 구체적인 선택이었나? 절실하다면 구체적인 선택이 될 것이다.
2. 선택에 맞는 준비를 하고 있나?

주식투자를 하면서 돈을 잃는 사람들을 보면 어떻게 투자를 하겠다는 선택(원칙 혹은 기준)은 없고, 팔랑귀에 의지해서 투자를 하니 준비도 없고, 준비가 부실하니 손실이 커지는 것과 같이 이치이다.

이 책을 읽는 독자 여러분은 제일 먼저 스스로 무엇이 되기를 원하는 가를 깊게 생각하고 구체적인 선택을 하기 바란다.

이 책은 왜 선택 했나? ^^

Tip

학생이라면 가고 싶은 회사 3곳(1, 2, 3순위)을 정해서 그 회사에 대해서 충분히 검토하고, 그에 맞는 준비를(스펙, 이력, 자기소개서 등) 하자. 빠를수록 좋다. 3학년부터는 준비하자. 나는 3학년 겨울방학 때 회사와 부서까지 정했었다. 홈페이지와 금융감독원 전자공시시스템에서 사업보고서 혹은 반기/분기 보고서를 참고하자.

회사원이라면 경력관리와 최종목표(사장, 임원, 경력 쌓고 개인사업 등)을 구체적으로 정리하고 스스로 선택을 하자.

평범한 사람이 창조성을 얻는 법 9가지[1]를 소개한다.

1. 스스로 창조적이 되기를 선택하라.

2. 여행자처럼 생각하라.
   익숙한 것도 새로운 눈으로 보면 새로이 발견할 것이 많다

3. 느슨하게 주의하는 능력을 키워라.
   산책을 하거나, 느긋이 탕 속에 있으면서.

1) 톰 켈리와 데이비드 켈리가 공저한 "유쾌한 크리에이티브"에 있는 내용을 정리한 것 책의 원제는 Creative Confidence이다. 9가지는 세리CEO에서 이 책을 북리뷰 하면서 정리한 것을 소개하는 것이다

4. 최종 사용자와 교감하라.
   광고주 대신 사용할 고객을 보라.

5. 현장에서 관찰하라.
   사용자를 직접 관찰하라. 책상머리 상상은 한계가 있다.

6. '왜' 라고 질문하라.
   그러면 잡동사니 같은 아이디어는 걸러진다.

7. 과제의 틀을 다시 짜라.
   원격시스템을 고민하는데, '어떻게 하면 원격 화상 회의를 더 잘할 수 있을까?'를 '어떻게 하면 비행기 여행의 수고를 대체할 실용적인 방법을 제공할 수 있을까?'로 틀을 바꾸니 더 많은 가능성이 보인다.

8. 창조적 지원 네트워크(인맥, 동호회 등)을 만들어라.
   주고받는 아이디어는 새로운 아이디어를 잉태한다.

9. 창의성의 방해꾼, 완벽주의이다.
   계획 과잉이나 철저한 준비로 지연되는 것은 두려움의 표시다. 하면서 보완해라.

Chapter 02 Just Do It!

"평범한 사람이 창조성을 얻는 방법 9가지"의 마지막이 창의성의 방해꾼, 완벽주의이다. "계획 과잉이나 준비를 위한 준비로 지연되는 것은 두려움의 표시다."라고 되어 있다.

계획 과잉이나 준비를 위한 준비는 모든 일의 방해꾼이며, 계획을 수포로 돌리는 일등 공신이다. 학창 시절 공부하겠다고 스스로 결심하고 책상 앉아서 처음 하는 것은 책꽂이 정리, 일과표 만들기, 필통 정리, 연필깎이, 서랍 정리 등 심지어 목욕까지... 그러고 잔다. 다음 날 책을 폈다가 어떤 과목부터 할지 시험까지 효율적으로 공부하는 법을 다시 검토하고 계획을 다시 세운다. 그리고 잔다. 뿌듯한 마음으로 미소를 지우며. 영어를 공부하는데 노트가 적당하지 않다. 영어 단어장, 문법 노트 등 효율적인 노트 정리를 위해 다시 구입한다. 그리고 또 잔다.

회사에서도 동일하다. 회의에서 혹은 상사와 협의, 지시에 의해서 해야 할 일이 있으면 그냥 바로 하면 된다. 하면서 보충하고, 보완하고, 중간 중간 협의 혹은 보고를 통해서 방향이 잘못 가지 않는지 보완할 것이 없는지 체크하면서 일을 해나가면 된다. 하지만, 우리의 많은 동료들은 지시를 받으면 일단 밖으로 나가서 담배를 한

대 피우며, 이 일을 꼭 해야 하는지, 불필요한 일이 아닌지, 왜 우리 부서가 하는지, 혹은 왜 내가 해야 하는지 불합리에 대해서 잔뜩 늘어놓고, 월급 받으려면 해야지 하면서 하기는 하려고 한다. 하기 전에 인터넷 서핑 한 번하고, 메일 온 것이 있나 없나 또 보고, 친한 동료나 친구에게 이상한 일을 받았다고 SNS 하고, 워드로 할까 엑셀로 할까 고민하고, 동료가 자료를 보내면 하지 뭐 그러면서 결국 아무 것도 하지 않았다. 동료 자료와 상관없이 할 일 많이 있음에도 말이다.

무엇이 되기로 스스로 선택했다면, 즉시 실행을 하자. 당신의 주변만 보고 안심하지 마라. 당신 눈에 보이지 않는 경쟁자가 더 많다. 그들은 이미 스스로 선택한 것을 위해서 불철주야 실행하고 있다. 대기업은 1년에 1~4천명을 매년 신규 채용한다.

일은 하면서 보완하고, 단계별로 하는 것이다. 백색 전화기 만들었다고 다 뛰어 넘어 단번에 스마트폰을 만들 수 있는 것이 아니다. 벽걸이 전화, 무선 전화기, 벽돌 휴대폰, 휴대폰, 폴더폰, 블랙베리, 스마트폰으로 발전되는 것이다. 설혹 백색전화기 만들 때 스마트폰을 만들었다고 해도 그것을 제대로 사용할 수 있었겠는가? 인프라가 없는데...

완벽해서 더 이상 할 일이 없는 것은 없다. 지속적인 개선, 보완만 있을 뿐!

Tip

요즈음 핫한 말이 워라밸(Work & Life Balance)이다. 간단히 말하면 일과 자기생활의 밸런스를 추구하는 말이다. 대부분의 워라밸러들은 여행을 갈 때 일단 가고 본다. 가서 부딪히며 대응하고, 그것을 즐기면서 여행을 한다. 준비만하다가는 여행 못 간다. 세계일주는 커녕 국내일주도 못한다. 부족해도 일단 시작을 해야 끝을 볼 수 있는 것이다. 마찬가지로 일을 할 때에도 여행을 하듯이 일단 시작해 보라.

입사 1년차에 통계적 공정관리(SPC: statistical process control) TF 활동을 하고 나서, 현장에 도입하는 일은 내가 담당하기로 했다. 1년도 안된 내가 무엇을 알겠냐마는 일단 시작했다. 공정 설계를 다시 하고 선배와 부서장에게 도움 받고 수정, 보완해 나갔다. 그러다 보니 벤치마킹할 수 있는 다른 회사의 사례를 소개 받았다. 거기서 또 할 일이 새롭게 발견되고, 보완할 것도 하게 된다. 전산기기 공급업체에게서도 배우고, 같이 검토하면서 설치하고, 다른 곳의 적용 사례도 확인하면서 우리 공정을 개선하고, 그러다 보니 자연스럽게 표준작업지침서 제정 및 개정을 하게 되었다. SPC 카드(명함 크기, 3단 접기)도 만들어서 사업팀 모두 항상 휴대하게 하여 변화관리도 할 수 있었던 것은 고객사와의 미팅에서 권고 받아 하게 되었다. 압권은 각 게이트에서 모아진 Data로 출하성적서를 자동으로 출력할 수 있게 하겠다는 계획을 추가로 세우고 통계프로그램 SAS를 1주일간 교육 받고 막무가내로 만들었다. 생애 첫 코딩을 192줄 한 것으로 기억한다. 몇 번의 실패 끝에 처음으로 제대로 된

출하성적서가 출력이 될 때의 그 성취감은 도전의 맛을 알게 해 주었다.

더 의미 있는 일은 10여년 후 사수였던 선배가 해외 근무에서 돌아와서 품질 업무를 할 때 내가 만든 표준을 아주 유용하게 활용했다는 것이다.

호랑이는 죽어서 가죽을 남기고, 회사원은 지침서[2]/매뉴얼[3]을 남긴다.

실행의 중요성을 설명하려 과거의 실제 경험했던 일을 적어 보았다. 모든 것을 다 하겠다고 준비하느라 아무 것도 진행하지 않고 있었다면 시간만 흐르고 동력을 잃어 마무리를 못했을 것이다. 그러나 일단 시작을 하니까, 주변에서 도와주고 하면서 더 잘할 수 있는 사례들도 많이 얻을 수 있고, 그러다 보니 계획을 재수정도 하고 보완도 하면서 만족할 만한 성과를 낼 수 있었던 것이고, 많은 경험을 할 수 있었던 것이다. 마치 흐르는 물과 같아서 일단 흐르게 하면 개울이 되고 강이 되어 바다로 가게 되지만 흐르지 않게 되면 그 자리에 고여 썩는 물이 되어 버리는 것이다.

2) 지침서 : 어떤 일의 방향이나 방법 따위를 인도해 주는 길잡이가 될 만한 글이나 책

3) 매뉴얼 : 종업원이 직무를 수행하는 데 있어서 필요한 작업상의 지식과 작업에 착수하고 진행해 나가는 방법 등에 관해 기본적인 사항을 체계적으로 정리한 지도서.

이 책이 바로 바로 실행의 증거다. 2017년 12월 회사를 정리하고, 내가 배우고 실행했던 경험을 남기겠다는 생각을 하고 바로 글을 쓰기 시작했고 다행히 주변의 도움을 받아 이렇게 출판하게 되었다. 글 쓰는 법 다 배우고 이런 저런 준비했다면 아직도 준비 중이었을 것이다.

주위에 도와 줄 수 있는 사람이 많이 있다. 본인이 정성을 다해 일을 하고 물어보고 협의하고 보완하자. 그리고 피드백은 꼭 하자.

Chapter 03 생각이 바뀌면 불가능이 가능해 질 수 있다

다윗이 골리앗을 이기기 위해서 무엇을 했을까? 다윗은 생각을 바꾼 것이다. 싸움은 몸과 몸을 맞대고 해야 한다는 것을 부정하고, 떨어져서 싸워 이길 수 있는 방법을 찾아 실천한 것이다. 조그마한 기업이 대기업과 경쟁에서 이기는 방법은 대기업과 똑같은 생각을 해서는 절대 이길 수 없는 것이다. 모든 자원이 부족한데 같은 생각을 하면 어떻게 이길 수 있는가? 소수 또는 약자가 이기는 경우에는 반드시 상대방과 다른 생각이 있었다. 한니발, 이순신 장군 등등 다른 생각이 혁신을 낳고 개혁을 낳는다.

삼성의 프랑크푸르트 선언의 단초가 생각의 변화에 있다. 가전제품은 건어물 장사(재고 싸놓고 하는 장사)가 아니라 생물 장사(바로 바로 팔아 치우는) 방식으로 해야 한다는 생각의 변화, 이것이 오늘날의 삼성전자를 만든 것이다

생각은 처음 바꾸기가 어렵지 한번 바꾸기 시작하면 새로운 세상이 열린다. 걸그룹이 다양한 퍼포먼스를 위해서 반바지 위에 퍼포먼스용 치마를 장착한다는 생각의 변화로 더 활기(?)찬 퍼포먼스를 팬들에게 보여 줄 수 있게 된다. 그럼 단번에 속바지에 치마 장착으로 갔을까? 아니다. 저항도 만만치 않다. 적절한 변화를 이루어

내야 하는 것이다. 내가 어릴 적에는 엉덩이가 꽉 끼는 바지 입은 모습도 보여주면 민망하다고 했던 것이 청바지, 미니스커트, 반바지, 핫팬츠, 속바지로 생각을 바꿔 왔던 것이다. 기존 방식과 관습을 깨고 새로운 생각을 실천할 때 세상은 변화해 가는 것이다. 대통령도 탄핵할 수 있는 생각(?) 뭘 더 두려워하나! 생각을 바꿔라, 바꿔서 생각하라.

회사 재직시절 중 전국에 시공 현장이 40여 곳이 있었던 적이 있었다. 그래서 가끔 주요 현장을 가보곤 했는데, 한번은 우리 팀 업무는 현장 일인데 가끔 가는 것 보다 주로 가야 하는 것이 아닌가 하고 생각했다. 그 때부터 모든 현장을 가는 것을 중심으로 일정을 변경하였다. 수도권은 물론 구미, 울산, 거제, 부산, 여수 등 전국을 매주 월요일만 본사 근무하고 주 4일을 현장에서 같이 밥도 먹고 현장 점검도 하고 이야기도 들어 주고 하다 보니 별도로 주간 업무 보고를 받지 않아도 주요 업무를 파악이 가능해 졌다. 또한 현장에서 본 문제를 본사에 가서 직접 챙기니 본사의 현장 지원도 좋아지고, 현장의 우수 사례도 직접 전파를 하니 안전은 물론 시공 품질, 원가, 납기, 직무 만족도 등 모든 것이 좋아졌다. 작은 생각의 변화가 회사의 큰 변화와 이익을 이끌어 낸 것이다.

부가적으로 전사의 모든 임직원이 회사 내의 소통 SNS에서 내가 현장에 매일 가는 것을 보고는, 나를 볼 때마다 고생 많다고 격려를 해주셔서 나 자신의 긍정적인 캐릭터 형성에 많은 도움이 되었다.

생각을 바꿔 보라. 그리고 작은 것부터 실천하자

초등학교 학부모 회사원들이여! 아이들 학교 개교기념일에 휴가를 내자. 좋은 일이 생긴다. 내 경험상 대부분 가을에 개교기념일이 있어 멋진 단풍을 평일에 한적하게 즐길 수 있었다.

어머니에게 전화하기가 참 쉽지 않았었다. 전화를 하면 뭔 말을 하지? 오라고 하면 어떡하지? 몇 시에 할까? 아침, 점심, 저녁? 고민만 하면서 하지 않다가 생각의 변화. 그냥 해보자, 어머니인데… just do it! 생각을 바꾸고 매일 실천한 지가 15년이 넘어 간다. 이제는 습관이 되어 있다. 잘 있으시죠. 네, 안녕히 계세요. 해도 괜찮다.^^

다니던 회사 중 제복을 입고 근무하는 회사가 있었는데, 일반 직원도 청바지나 라운드 티셔츠는 입지 못하는 규정이 있었다. 하지만 입어도 된다는 생각으로 반바지도 입을 수 있게 하였다. 바뀐 것은 없다 그저 생각을 바꿨을 뿐이다. 반바지 입자고 혈서를 쓴 것도 아니고 시위를 한 것도 아니다. 그저 더울 때에는 반바지 입고 근무하는 것이 좋다라는 생각을 수용한 것뿐이다. 반바지를 많이들 입었느냐고? 첫 해라서 그런지 많이 입지는 않았다. 하지만 회사가 좀 더 유연해 졌다는 것을 공감하고, 제일 중요한 것은 자기가 원하는 것을 입고 싶을 때 입을 수 있다는 것이다. 생각이 바뀌면 시원하게 일할 수 있다.

Tip

빡빡이 국악 피아니스트 임동창씨가 예전에 TV에서 했던 말씀이 나에게는 일종의 화두가 되어 있었다. "전통이 죽어야 전통이 산다."

실제로 전통이라는 것도 계속 변화해 오고 있는데, 그 시대의 사람들이 전통을 가두려 하는 경향이 있다. 하지만 세상에 변하지 않는 것은 없다. 전통 방식으로 집을 짓는다고 체인 톱이나, 전기 대패를 쓰지 못하게 한다. "왜?"라고 생각해 보자. 신라 때 짓은 건축물은 신라 때의 공구를 사용해야 하는 것인가? 조선시대의 공구를 사용해야 하는 것인가? 이미 변해서 왔는데 왜 우리는 못 변하게 전통을 가두려고 하는지 알 수가 없다. 지금 전통이 허용하는 대패는 조선시대의 대패가 아니다. 전기대패만 안 되는 것이다?

황토는 우리나라에 벽체 재료가 옛날에는 황토만큼 좋은 것이 없었으니까 벽체에 주로 사용했다. 서까래나 기둥이 둥근 것은 나무가 둥근 모양이니까, 껍질만 벗겨서 사용한 것이다. 미끈하게 가공하기에는 품이 너무 많이 들기 때문이다.(민가는 대부분 이렇게 지었다. 물론 신집(사찰, 궁궐)은 둥근 기둥을 쓰는 것이 법식이지만, 자연적인 모습을 그대로 사용하는 경우도 많이 있다). 저렴하고 단열 성능이 좋은 재료가 있다면 적극적으로 활용해야 할 것이다. 서까래도 나무 제재 기술이 좋아져서 각재가 더 저렴하게 잘 나온다. 그럼 그것을 사용하는 것이 최적의 선택인 것이다.

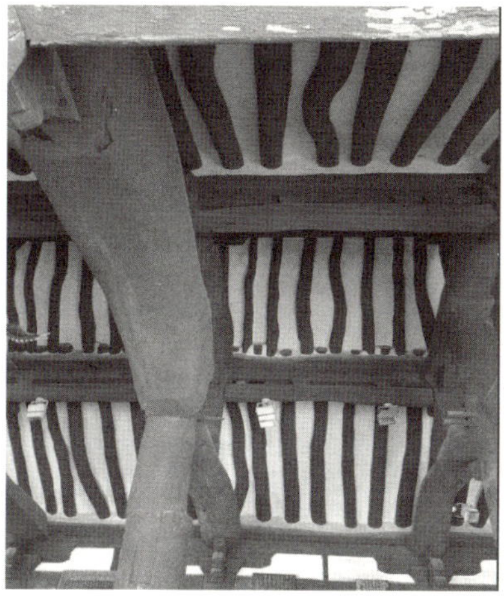

선운사의 만세루는 기둥과 서까래 등을 원목을 가공하지 않고 그대로 사용했다.

20여 년 전에 자동차 정비 2급 기능사 시험을 보는데, 시중에 시판되는 차는 물론이고 돌아다니고 있는 차들도 대부분 이미 전자식 연료 분사 방식으로 변경되었음에도 기계식인 카뷰레터 방식으로 시험을 보았다. 그러니 자격증 취득해 봐야 타이어 교체도 못한다는 소리를 하곤 했었다. 참 생각은 안 바뀐다.

여러분은 위와 같은 우를 범하면 촉망받는 사원이라는 호칭은 얻기 힘들 것이다. 항상 세상은 변한다. 지금 보다 더 쉽게, 더 정확하게, 더 효율적으로 일을 하는 방법이 있다. 손가락에서 주판, 전자계산기, PC, 스마트폰으로 엄청 변하지 않는가? 업무를 지원하는 하드웨어나 소프트웨어, 환경이 엄청나게 정신없이 변하고 있다. AI 혹은 AI를 탑재한 로봇이 곧 나타난다. 이렇게 변하고 있는데 그 전부터 이렇게 해왔으니 이렇게 해야 한다고 주장하고 있을 것인가? 여러분이 보고 있는 업무 지침이나 매뉴얼이 전자계산기 시대의 것이 아닌지 확인해 보라.

변화는 진리다! 생각을 바꾸고 변화해라! Just do it!

Chapter 04 계획 세우기(Plan Comes True)

대학교 4학년 올라가는 겨울방학에 어느 회사에 입사해서 지방 사업장 어느 부서에서 근무하고, 언제 서울로 올라와서 영업을 하겠다고 계획을 아주 구체적으로 작성한 적이 있다. 현실은 어떻게 되었는가 하면, 거의 두 달 정도의 갭은 있었지만 계획대로 되었다. 실화다. 또 한 번의 계획이 있었는데 입사하고 교육 받을 때 동기 21명 앞에서 장래 계획을 발표할 하는 자리가 있었다. 나는 대표이사가 되겠다고 했다. 결과는? 대표이사는 못했지만 임원까지는 했다. 그 때 대표이사가 되는 계획을 좀 더 구체화 했으면 대표이사가 되었을 텐데, 그게 조금 아쉽다. 실화다.

계획을 구체적으로 세우면 "Dream Comes True"가 된다고 많은 선배들과 선생님들이 말한다. 나는 True가 되는 것을 무수히도 많이 체험을 한 사람으로써 당연히 독자들께서 꼭 실천해 주시길 간곡히 부탁드린다.

최근에 드라마틱한 사례가 있어 소개한다. 현장 시공을 책임지고 있는 우리 팀에 산업안전기사가 1명밖에 없었다. 부서장이 2017년에 10명까지 만들어 보겠다고 2016년 12월 전략회의에서 의지를 표명하길래 팀 목표로 계획에 넣었다. 국가 기사 자격증으로 필기

시험과 실기 시험 모두를 통과해야만 취득되는 까다로운 자격증이다. 더군다나 현장에서 현업 업무를 하면서 취득해야 하는 어려움이 있었지만 Just do it! 2017년1월 1명, 상반기에 2명, 하반기에 2명, 그리고, 10월 25일, 26일 2017년 마지막 실기시험, 실기시험에 1~2명 붙는 것이 현실. 목표 10명에서 현재 5명 잘되면 6~7명이었다. "이 정도면 잘한 것이다"라고 스스로 위안 삼고 있었다. 그런데 11월 24일 4명 합격, 총 9명 확보, 2017년 10명 목표 중 9명을 확보하게 되었다.

만일 계획을 세우지 않았다면 1명도 더 추가하기 힘들었을 것이다. 계획만 세우면 계획대로 되나? 나는 그렇다고 대답한다. 위에 실화로 증명했지 않은가? 나는 이렇게 표현한다. 계획을 세우면, 구체적으로 세울수록 세포들이 인식해서 그것을 위해 잠재의식을 계속 자극해서 계획대로 결국 하게끔 한다는 것이다. 실제 9명 확보를 위해 어떤 일이 있었는지 보자.

계획을 세우니 나는 팀장으로서 먼저 자비로 기사 필기시험 관련 책을 사서 책상에 두고 매일 공부를 하는 모습을 보여 주었다. 심리적 압박 가하기, 그리고 시험 응시 접수를 제일 먼저 해서 수험표를 돌렸다. 협박만 했냐고? 유명한 교수님을 초빙해서 시험 전에 집중 교육을 년 3회에 걸쳐서 했고, 그룹별로는 그룹원들끼리 스터디그룹을 만들어 공부하고, 예상 문제를 뽑아서 서로 공유하였다. 특히, 마지막 실기 시험에서는 교수님의 강의도 있었지만 예상문제 정리가 주효했다. 그리고 그룹장들의 솔선수범 1명 기사 취득, 1명 필기 합격. 나는 시험을 보았으나 일부러(?) 적당히 했다(숨은 쉬고

살게 해 주어야지).

계획을 세우면 계획을 달성하기 위한 이런 일련의 일들이 발생이 되고 그래서 잠재적으로 계획 혹은 목표 달성을 위해서 뭔가를 하게끔 된다는 것이다. 계획을 구체적으로 세우면 실현된다. Just do it! 의심 사절.

사례가 너무 많다.

Tip

유지보수를 하는 부서도 담당했었는데, 하자보수율을 관리하고 있었다. 90% 이상 되는 수준이었다. 목표는 80%로 잡았다. 그리고 가장 많이 하자보수를 하는 것을 골라내고 사전 점검을 일제히 했다. 바로 60%로 떨어졌다. 그 다음 해에는 목표를 40%로 잡았다. 실적이 28%까지 나왔다. 목표를 수립하고, 그 목표를 달성하기 위한 계획을 구체적으로 세워서 실천함으로써 가능해진 것이다. 목표는 공격적으로, 계획은 구체적으로!

계획이 잘못되었으면, 바로 수정 및 보완해서 끝까지 하는 것이다. 운이 좋으면 계획대로 해서 효과가 즉시 나타나지만, 운이 나빠도 계획을 세우고 하다 보면 다른 길을 보여 준다. 빨리 도입해서 쓰면 된다.

꿈은 계획을 통해서 실행할 때 이루어진다. 계획은 구체적으로!

Chapter 05 말도 안 되는 일을 쳐내기 위한 계획을 세우는 방법

직장 생활을 하다 보면, 말도 안 되는 납기에 말도 안 되는 일을 처리하라고 하는 경우가 가끔 있다. 더구나 해 본적도 없는데... 그런데 이 걸 또 해내는 사람들이 있다. 짜증난다.

딱 봐도 우리 인원이 다 달라붙어도 2달은 넘게 걸릴 것 같은 일을 2주 내에 하라고 한다. 계획을 구체적으로 세우면 된다고 해서 구체적으로 세울수록 2주 동안 1분(分)도 안자고 일해도 안 된다. 그냥 안 되는 것이 아니라 아예 안 된다. 계획이 어떻게 세워지나? 말도 안 되는데, 저 놈은 그걸 해 낸다. 어이가 없네~

한탄만 하고 안할 거면, 빨리 포기하고 그 놈에게 시켜라.

만일 해보겠다면 이렇게 해보자. 마감 날 무슨 결과가 나와야 하는지를 구체적으로 정리해 보자. 그럼 몇 가지는 쉽게 가능할 것이 있을 것이다. 그러나 대부분은 미궁이다. 하지만 D-1에는 무엇을 해 놓으면 D-day에 완료가 되는지를 정리하라. 그렇게 역순으로 정리하다 보면 할 수 있는 것과 없는 것이 몇 가지 정리되겠지만 계획은 세워진다. 우리 팀에서 할 수 없는 것은 다른 팀에게 아니면 외부에 바로 용역을 주는 계획을 세우든지 차선책을 찾든지 하면 계획이 그럴 듯 해진다. 잘 정리해서 지원 사항을 말씀드리면 가타부타 결정이 날 것이고, 그것을 반영하면 계획이 완성되는 것이다. 이제는 계획대로 일을 한다. Just do it! 해 보면 왜 그게 되는지 알 것이다.

그 놈이 그 놈이지 뭐 특별한 것 없다. 역산! 매우 구체적으로.

일은 혼자 하는 것이 아니다. 여건이 될 때는 혼자 해도 되겠지만, 대부분은 회사 전체의 구성원을 활용해야 하고, 경우에 따라서는 회사 밖의 도움도 받아야 할 때가 많다. 한계를 두지 말고 도전하고, 도전을 즐겨라! 집단지성을 믿어라!

업무를 지시하는 입장에서 혹은 관련부서의 도움이 필요한 경우가 있다. 더구나 쉬운 것이 아니다. 매우 어렵고, 시간도 부족하지만 꼭 해야 하는 일이다. 그럴 때 대부분 이렇게 물어본다. 무엇을 지원하면 할 수 있는지! 인력 충원, 업무 지원, 장비, S/W 등등 다양한 요구가 있었다. 다 들어 주고 업무를 완수하게 한다. 100% 완수하는 경우도 있고, 100%는 아니지만 회사 혹은 프로젝트에 문제가 없게 하는 경우도 있다. 못한다고 해서 완전히 손을 놓은 적이 경험상 없다. 내가 못하면 다른 사람이라도 한다. 단지 내가 안하거나, 못하는 것이다. 서로 반대 시각에서 보았다. 담당자가 하려고 한다면, 그리고 하려는 것을 제대로 보여 줄 수 있다면 지원은 준비되어 있다는 것을 명심하자. 집단이성도 활용하고, 사람 개개인의 능력도 고무줄이다. 믿고 역산 계획을 수립해 보라. 이것도 희한하게 하다 보면 길이 나온다. 20~30대에 미치듯이 일을 하면 평생이 편해진다. 도전을 즐겨라.

Tip

할 수 있다고 생각하니까 시키는 것이다. 과감하게 해보라. 당신이 열정적으로 절실하게 하면 할 수 있는 힘도 생기고, 도움도 온다.

무협지에서 보면 산 속에서 사형제들과 배우면서 정해진 등급에 따라 무공 실적이 늘어난다. 자질이 좋고 열심히 노력하는 사람은 조금 더 빨리 앞선 등급에 다가 선다. 그러다가 벽에 막힌다. 산속에서 백날을 해도 안 된다. 심득을 얻어야 하는데 쉽게 넘어 설 수 없다. 이 때 강호에 나간다. 강호에서 자신 보다 강한 자와 생사투를 할 때, 심득을 얻고 벽을 넘어 선다. 지금까지 배워 왔던 것을 따 짜내서 온몸으로 부딪힌다면 못 넘을 벽이 없을 것이다.

누가 말도 안 되는 일을 당신에게 준다는 것은 "이제 강호에 나설 때가 되었다"는 것이다. 넘사벽이다 싶으면 역산 계획을 실천해 보자.

보통 대리부터는 회사에 돈을 벌어준다고 했다. 그 전까지는 회사에서 교육시킨다는 것이다. 대리, 강호에 나설 시기다. 본인이 원한다면 주임도 나가도 된다.

Chapter 06

희망과 계획

새해 복 많이 받으세요. 새해에는 건강하시고, 오래 오래 사세요. 새해에는 부자 되세요. 그래서 새해 계획을 세운다. 복 많이 받거나, 건강해 지려고 금연 또는 부자 되기 위해, 취업하기 위해서 새해 계획을 세운다. 이 때 등장하는 대마왕 "작심삼일", 지긋지긋한 "완벽주의" 등이 나타난다. 희망도 계획도 다 물거품이 되버리고 만다. 그래도 로또는 사자. 사지도 않고 빌어 봐야 하느님도 어쩔 수 없다고 하지 않는가!

'잭 리처'가 하는 말이 있다. "희망은 최선을 기대하며 품는 것이고, 계획은 최악을 대비하여 세우는 것이다."[4] 희망은 잘 될거야, 잘 되어야 해 하면서 마음에 품는 것이다. 계획은 스스로 세우는 것이다. 구체적으로 수립하는 것이다. 근데 최선의 결과를 위해 계획을 세우는 것이 아니라, 최악을 대비해서 세우는 것이라면, 굳이 계획을 세울 필요가 있을까? 라고 의문을 품겠지만 우리의 계획은 실패를 방지하고 최선을 결과를 이끌어 내기 위해 세우는 것이다. '잭 리처' 입장에서는 범죄를 막고, 범인을 잡아내기 위한 목적이

4) 리 차일드 소설 "네버 고백(never go back)"의 주인공, 육군특수수사대 대장이었던 인물, 잭 리처가 그 책에서 한말이다.

있고, 그것을 위해서는 희망이 아닌 스스로 선택하는 구체적인 계획이 필요한 것이다.

집 나가서 돌아오지 않는 남편을 기다리다 굳어 돌이 되었다는 망부석은 희망을 실천한 상징이다. 희망은 남편을 돌아오게 하지 않는다. 계획을 세웠다고 오는 것은 아니지만, 계획을 세워 남편을 찾으려고 뭔가를 했다면 돌은 되지 않았을 것이다. 급할수록 돌아가라 했다. 돌아서 가라는 것이 아니라 차분히 계획을 세워 더 나빠지지 않게 하라는 것이다.

조난을 당한 영화를 보면 구조대가 올 것이라는 희망에 기대는 사람, 상황을 무조건 벗어나려고 몸부림치는 사람, 현재 처해 있는 상황을 정확히 파악하고(회사에서는 현황 파악이라고 함) 구조대가 오게끔 하는 방법 또는 구조대를 찾아가는 방법 등을 현황과 비교하여 가장 확률이 높은 것으로 결정하고, 구체적인 계획을 세워 실행하는 사람, 세 부류의 사람이 있다. 여러분이 같이하고 싶은 사람은 어떤 종류의 사람인가? 생존이 걸린 문제다. 잘 생각해서 스스로 선택하자.

여러 사람이 같이 협력하여 일을 할 경우에는 각자의 계획을 사전에 충분히 소통하고 토론해야 계획을 잘 수립할 수 있다. 공유하지 않은 계획은 계획이 아니다. 부부가 다음날에 영화 보기로 한다. 남편은 영화 시간을 사전에 이야기하고 최종 선택된 시간에 예매를 한다. 점심 먹는 것까지 감안해서 집에서 12시에 나가자고 한다. 그 다음날 계획이 수립이 된 것이다. 영화 보는 날 12시 10분전에 나가려고 준비하는데 부인이 갑자기 은행에 가서 일을 보고 가자고 한다. 멘붕! 부인은 그 전날에 나간 김에 은행 일을 보겠다고 계획을 수립한 것이다. 그러나 남편에게는 이야기하지 않고 나홀로 계획을 세운 것이다. 남편은 당연히 안 된다고 한다. 순간 분위기 어색해 진다. 이것은 계획일까? 희망일까? 부부 입장에서 보면 희망이다. 사전에서 협의 되지 않은 것은 단지 했으면 좋겠다는 희망일 뿐이다. 부인 혼자 일 때는 계획이 될 것이다. 좋고, 나쁘고를 떠나 계획을 수립했으니까 계획이다. 그러나 부부 입장에서는 수립되지 않은 돌발 상황일 뿐이고, 부인이 그 희망을 우기면 본래 계획에 차질이 불가피 하거나, 분위기를 망치고, 팀 파워를 약화시킨다. 같이 협의하지 않은 혼자만의 계획은 잘되어야 서프라이즈 파티다. 그 외에는 하등 쓰잘머리 없는 일이다. 좋게 이야기 해야 희망사항이다.

계획은 최악을 대비해서 세우는 것이다. 절실하고 구체적이고 심플할 때 팀원 전체가 공유하고 합의된 계획일 때, 그 계획은 최선의 결과를 낳게 되는 것이다. 희망은 기대이고, 계획은 실천이다.

꿈은 계획을 통해 실행되어 질 때 이루어진다. 작심삼일은 안 되요~

Tip

계획을 겨우 최악을 대비하기 위해서 세우자는 것은 아닌 것 같다. 이렇게 생각해 보자. 계획이 없다면 바로 최악의 상황으로 가는 것이다. 우왕좌왕하다가 죽도 밥도 안 되는 상황을 바로 직면하는 것이다. 최선의 결과를 얻기 위해서는 최선의 계획 세우자. 계획은 실천이다. 희망은 바램이다. 행동하는 자들이여, 계획을 세워 최악을 대비하라.

A-특공대 TV시리즈[5]에서는 대장 한니발이 작전을 성공한 뒤에 꼭 하는 대사가 있었다. "I love it when a plan comes together" 작전대로 되서 기분이 좋다 정도 일 것이다.

사실 계획은 세웠지만 100% 계획대로 된 것은 아니지만, 작전 성공 후에 던지는 대사가 엔딩 크레딧 수준이었다. 일종의 유머다.

계획이 100%가 될 수는 없지만 계획을 수립해서 그 계획대로 실행하면서 순간 순간 대처해 나갈 때 큰 작전, 프로젝트가 성공되는 것이다.

5) 원제는 "The A team"이고 미국 NBC방송에서 1983년부터 1987년까지 총 5시즌 방영했다.

Chapter 07 납기는 소통이다.

업무를 지시 받았다. 정확하게 무엇을 해야 할지도 확인했다. 하면 된다. 근데 언제까지 해야 하는 것인지? 오늘 저녁, 내일 아침? 이것은 1주일은 넘게 걸리겠는데... 오늘 약속이 있는데, 다른 일 해야 할 것도 있고, 물어 볼까? 물어 보면 답은 아삽(as soon as possible) 아닌가? 급하면 이야기하겠지 뭐... 이러다 듣는 소리는 "B대리 그거 어떻게 되었어? 아직 인가?"

SNS, 메일을 활용해라. 납기는 소통이다. 선제적 소통은 자신이 업무를 주도적으로 관리하게 할 수 있다.

먼저 업무실행계획을 스스로 수립해서 납기를 스스로 정해라, 그리고 SNS 또는 e-메일을 보낸다. 여러분의 상사는 수고, Good 또는 무응답으로 답을 보낼 것이다. 적어도 이렇게 소통이 된 업무는 본인이 스스로 선택한 계획에 의해 진행될 것이다. 이것은 직장생활에 매우 중요한 포인트이다. 업무를 통제하는 능력인 것이다. 만일 상사가 그것보다 더 빠르게 요청을 하면 다시 조정해서 업무계획을 맞추면 되는 것이고 부득불 납기를 맞추기 어렵다면 납기를 맞추기 위한 지원 사항을 요청 드리면 된다. 근데 말이 쉽지 지원 요청이 쉽나? 계획을 너무 빡빡하게 세우지 말라는 이야기다. 현명하게 대처하는 것이다. 이것이 가능한 것이 소통을 한다는 전제이기 때문이다.

지시를 받으면 지시 받은 사항을 확인하고, 납기를 소통해서 확정하자. 이것은 기본이다. 납기가 없는 일은 일이 아니다.

이렇게 쉬우면 회사 생활이 편하지요. 납기를 소통해서 정했는데 회사 일이 그 일만 하게 두나? 어느 회사가 그런데? 금방 다른 일도 해야 하고, 피치 못할 개인적인 일이 있어 시간 까먹고, 기존 일이 꼬여서 시간 까먹고 이래저래 하다 보면 납기를 맞추는 것은 기적 같은 일인데, 착착 납기 맞추어 해내면 일 잘한다는 소리 들을 만하다. 그러나 그것은 현실적이지 못한 것이고 필연적으로 지연이 발생되는데 여기서 에이스와 그냥 직원의 차이가 발생된다. 상사가 가장 미치는 것은 마감이 다가오는데 아무 보고도 없고, 더 미치는 것은 납기가 지났는데도 아무런 보고도 없이 무반응인 것이다. 무소식이 희소식은 통신이 없던 옛날이야기 이고, SNS가 흔한 지금의 무소식은 "나 죽여주세요"이다. 에이스는 어떻게 할까? 납기 전에 중간보고를 한다. 지금까지 이렇게 하고 있고 그래서 시간이 더 필요하고 언제까지 하겠다고 보고 한다. 사안의 경중에 따라 상사는 연장 납기를 인정하든지 급한 것이면 협의를 할 것 이다. 지원을 해 준다든지 같이 한다든지 중간보고 하고, 마무리 한다든지 일을 마무리 하는 최선의 방법을 선택해서 마무리할 것이다. 왜냐고? 일을 제때에 끝내야 하니까! 대부분의 경우는 납기 연장을 한번 정도는 해 준다. 스스로 일을 마무리 하는 것이 중요한 것이니까! 정리하면 다음과 같다.

지연이 예상되면 약속한 납기 전에 중간보고 한다. 잊지 말고 실천하자. 중간보고!

보고는 빠를수록 가치가 높아진다.

빠른 보고는 실수도 덮어 준다. 회사 일은 혼자 하는 것이 아니다. 각개 각층 전문가와 무수한 경험을 가진 집단이성이 있는 곳이다. 빨리 소통(open) 할수록 문제 해결이 쉽고 빨라진다. 명심하자.

Tip

반도체 관련 업무를 할 때였다. 고객사로 부터 여러 가지 요구도 받고, Audit도 받는데, 그 중 중요한 것 중 하나가 Corrective Action Process인데, 이는 당연히 완벽한 품질을 요구하지만 어쩔 수 없이 발생되는 불량 또는 불합리에 대해서 얼마나 합리적으로 대응 하는가를 보는 것이다. 여기서 가장 중요한 것이 소통이다. 문제가 있다고 고객으로부터 통지를 받고 어떻게 고객과 소통하는지에 대한 적절한 프로세스가 있고, 그 프로세스를 준수하고 있는가를 보는 것이다. 소통도 첫 번째 소통과 계획이 변경될 때의 소통을 적절하게 하는지를 보는 것이다.

일반적으로 문제 통지 발생을 받고 24시간 내에 회신을 하게 되어 있다. 1일이 아니라 24시간 내에 회신을 한다. 1일은 저녁 8시 받아도 그 날 안에 회신해야 하지만 24시간 이내면 다음날 8시전까지 회신하면 된다. 그렇다고 해도 어떻게 24시간 내에 회신을 할까? 원인도 모를 텐데? 물론 원인을 모르는 것이 대부분일 것이다. 그러나 회신은 24시간 내에 한다. 회신 내용 다음과 같이 할 수 있다.

"당신들의 문제를 인식했다. 원인을 파악하는데 몇 일까지 할 것이고, 그 때 원인에 따라서 조치 계획을 같이 보내겠다."

영업적인 것과 반품 등 답변이 가능한 것은 같이 답변하는 것이다. 24시간 내의 1차 회신은 대략적으로 상기 서술과 같이 보낸다.

여기서 중요한 것은 너의 문제를 우리가 인식했고, 우리가 움직이고 있다는 것을 신속하게 알려주어야 하는 것이다. 가능한 빨리 아무리 늦어도 24시간 내에 해야 한다. 24시간 내에 고객에게 문제를 완벽하게 해결한 보고서를 보내지 못하더라도 믿음이 가는 액션 계획을 보내려면, 관련 부서 담당자들이 즉각적으로 미팅을 해야 할 것이다. 이런 프로세스와 R&R(roles & responsibilities, 업무분장)이 제대로 정의되어 있어야 할 것이다.

또한, 1차 보고서에서 보냈던 일정이 피치 못할 사정으로 지연이 예상될 경우도 즉시 사유와 함께 재 일정을 보내야 한다. 뭉개고 있다가 해당 날에 알리는 것도 잘못된 것이고, 행여나 고객이 왜 약속된 날짜에 보고하지 안느냐고 클레임을 하게 하는 것은 최악인 것이다. 직장 내 상사에게도 마찬가지 이다.

■ Tip 속의 Tip

품질 문제에 대해서 체계적으로 해결하고 고객의 우려를 불식시켜야 하는데 사용하는 8D Report(CAR: corrective action report)라는 것을 참고하시기 바란다(인터넷 검색하면 개요는 많이 나온다). 품질 업무 관련자뿐만 아니라 모든 업무에 해당될 수 있으니, 보고 익히고 실천하면 업무를 글로벌 스탠다드하게 할 수 있다.

Chapter 08 대소완급(大小緩急)은 누가 정하는 것인가?

대소완급(大小緩急), 업무 우선순위에 대한 이야기이다. 대소완급은 누가 정할까? 현업에서 일을 하는 본인이 정할까? 당연히 본인 정한다. 1차적으로는 본인이지만 최종적으로도 본인일까? 1인 회사를 운영하지 않는 이상 상대가 있을 것이고 상대가 결정할 경우가 많다. 그 상대가 상사일 경우에는 거의 모든 결정을 상사가 할 것 이다. 상사가 그 업무를 지시했고, 왜 그 일을 하는지를 더 잘 알고 있고, 납기도 알 수 있기 때문이다.

당신이 대소완급을 상사의 대소완급에 잘 맞추고 있다면, 당신은 상사와 흔히 손발이 딱딱 맞는 관계가 되는 것이다. 더 나아가 지시 전에 선제적으로 준비하고 일을 먼저 하고 있다면 촉망받는 사원이라는 타이틀을 달고 다닐 수 있는 가능성이 높아진다.

왜냐하면 위와 같이 그가 혹은 그의 조직, 그의 상사가 납기를 지배한다는 것은 해야 할 일을 미리 미리 알아서 찾아서 하고 있다는 뜻이기 때문에 회사에 있어서 보물 같은 존재가 된다는 것이다.

납기를 지배한다고 보물같이 존재가 된다? 이게 왜 말이 되는지 쉽게 알아보자. 여러분의 상사는 그의 상사와 협의를 하고, 상사의 상사가 정할 것이다. 상사의 상사 또 그의 상사 그런 식으로 쭉 가다 보면 궁극적으로는 누가 나올까? 결국에는 시장 혹은 고객이 정하는 것이다. 시장 혹은 고객이 원하고 있는 것이 대(大)이자 급(急)이다. 두 말하면 잔소리다. 시장 혹은 고객이 원하는 일은 놔두고, 우리가 딴 일을 하고 있다면, 그것을 세상에서는 "뻘짓 하고 있다"고 한다.

뻘짓 하지 않고 시장 혹은 고객이 원하는 것을 선제적으로 일을 하겠다는데 회사 보물이지 무엇이겠는가? 대소완급을 잘 정하는 법을 습득하는 방법은 분기에 한 번씩 우리 회사 제품의 시장조사를 하는 것이다. 인터넷도 뒤지고 전문조사기관의 맛보기도 찾아보고, 유료 자료도 친구, 동기, 선배 다 동원해서 찾아보고, 다행히 회사에서 돈 주고 보고 있으면 무조건 보자. 매 분기마다 정리해 나가다 보면 먼저 해야 할 일이 나온다. 전시회, 박람회는 연간 행사 계획을 List-up해서 꼭 가 보아야 한다. 베스트셀러 소설, 영화, 드라마 등도 보아야 시대의 흐름을 볼 수 있다. Just do it! 자기만의 시장조사를 해라. 격식에 억매이면 못한다. 완벽주의는 몹쓸 짓이다.

Tip

시장과 접점에서 한두 걸음 살짝 떨어진 업무를 하시는 분도 시장은 잘 보아야 하고, 특히 중요한 것은 시장과 접점에 있는 부서나 그 부서 직원이 필요로 하는 것이 없는지, 그들이 일을 하는 내부에서 불합리한 것이 없는지, 흔히 발목 잡고 있는 것이 없는 것인지 직접 가서 보고 느껴야 한다. 법 위반 사항이 없는 지도 면밀히 보아야 할 것이다. 결국 영업 접점 부서가 고객이 되는 것이고, 그들이 필요로 하는 일을 스스로 찾아내어 선제적으로 지원하는 것이 업무의 일 순위인 것이다.

가끔 시장이나 고객과는 별로 상관없는데, 굳이 계속 따지다 보면 조금 관계가 있을 수 있는 업무를 최우선적으로 해야 하는 경우가 가끔 있을 수 있다. 왜 이런 일을 해야 하지, 고민 한 번쯤은 한 적이 있을 것이고, 한 번쯤은 하게 될 것이다. 해야 하나? 사람인데 투덜거릴 수 있지, 투덜거렸으면 이제는 깔끔하게 일을 하자. 참 쓸모없을 것 같은데 없으면 안 되는 것이 의외로 세상에는 많다. 깔끔하게 하는 대신에 상사와 협의를 하라. 지금 하고 있는 일이 이런 것이고, 그래서 이 일은 언제까지 하겠다 등 충분히 상의하게 하자. 부드러움이 진정한 강함이다. 유능제강(柔能制強)을 명심하자.

예전에는 그런 일이 많았는데 최근에는 점차 없어지는 추세이고, 경영층에서는 그런 일을 없애거나, 최소화하려고 노력하고 있는 중이다. 그럼에도 경영층의 의도를 순수하게 그대로 믿지 않는 사람들이 아직 많기 때문이다. 해 주면 좋아하면서 그러면서 아무 생각 없이 하다가... 짤린다.

갑질하는 경영층은 예외로 말하는 것이다. 논의 대상이 아니니까!

Chapter 09 서비스는 Response다.

서비스의 제1요건은 적절한 대응이다. 그 다음으로 중요하게 생각하는 것은 영속성이다. 적절한 대응은 내용보다는 타이밍(timing)에 초점을 맞춘 것이다.

예를 들어, 고객이 뭔가를 물었는데 대답하지 않는다면 고객은 어떤 생각이 들까? 음식점에서 식탁 위의 벨을 눌렀는데 아무도 오지 않을 경우를 많이 경험해 보았다면 쉽게 이해할 수 있을 것이다. 3번 정도 누르는데도 오지 않았을 때, 조용히 나가는 손님은 양반이다. 그냥 나가면 무언가 분이 풀리지 않아 큰소리로 불러 야단치고 나가는 것이 일반적이다. 그 정도면 음식이 나와 있는 경우라면 모를까 거기서 식사를 한다는 것은 쉽지 않을 것이다.

나는 제주도 갔을 때 해안 도로에 있는 피자집에 들어가서 빈 식탁에 앉았는데 30분 동안 아는 체도 안 해서 그냥 나왔다. 처음 5분, 10분은 바쁘겠지 하고 이해하려 했는데, 시간이 많이 흘러도 아무도 오지 않으니 무시당하는 것 같아 그냥 조용히 나갔다. 다행히도 근처에 있는 너무 맛있는 집에 가서 식사를 즐겁게 할 수 있었다. 그 피자집은 서비스를 주제로 할 때 Worst Case로 써먹고 있다. 에피소드를 만들어 주신 피자집에 고마움을 표시해야 하나?

여러분도 비슷한 경험이 한두 번쯤은 있으리라 생각된다. 그럼, 회사에서 상사에게 무응답이라면 그 상사는 여러분을 어떻게 생각하겠는가? 상상만으로도 짜릿하지 않나? 그런데 이런 말도 안되는 일이 회사에서 너무 자주 발생이 된다. 그래서 어느 고위 임원은 상견례 때 꼭 하시는 말씀이 있었다. “내가 메일을 보내면 6시간 이내에는 반드시 회신을 해 달라”고 말이다. 그런데 주간 회의 때 보면 그것을 못 지켜서 혼나는 사람이 종종 나타난다. 생각을 해 보자. 생각해 보면 무응답이 가장 열 받는다는 것을 너무 쉽게 알 수 있을 텐데... 생각을 하지 않는 것이다. 그러나 핑계 없는 무덤이 없다고 나름 피치 못할 이유를 가지고는 있다.

아무 생각 없는 사람은 제외하고 이야기 하자. 생각은 있는데 못하는 하는 사례 중 가장 큰 것이 메일 내용에 대한 답변을 해야 하는데, 그 답변을 준비하는데 6시간은 턱없이 부족한 시간이라 회신을 못한다. 완벽한 회신을 해야 하니까 회신을 하지 않는 것이다. 절대 하지 말라고 하는 것을 또 하는 것이다. 완벽주의를 원하는 것이 아니다. 상사는 혹은 상대방은 회신을 원하는 것이지 답을 원하는 것이 아니기 때문이다. 식당에서 벨 누르면 김치나 공기밥을 가져 오나? 먼저 와서 무엇이 필요한지 물어 보는 것이 지극히 정상적인 절차이다. 비록 메일로 뭘 보고 해달라고 했어도 벨 누른 것과 동일하다. 그저 “넵”이라고 회신해도 된다. 넵은 30분 이내가 좋을 것이다. 습관을 만들자. 좀 더 나은 회신은 “넵, 말씀하신 000을 모레(날짜) 오전 중으로 회신하겠습니다.” 1~2시간 내에 회신하고, 최종 보고를 약속드린 시간에 하면 된다. 6시간 내에 할 수 있으니까 6시간 내에 하겠다고 회신하지 않고 6시간쯤에 e-메일 보고하는 경우도 있다. 나름 괜찮은데 더 좋은 것은 바로 회신하자. "넵, 말씀하신 000을 오늘 중(혹은 내일 오전 중)으로 메일 보고하겠습니다." 라고 하면 시간을 벌어서 좋고 6시간 이내에 끝나면 6시간 전에 보내면 퍼펙트 한 것이다.

처음 회신은 완벽한 답을 원하는 것이 아니다. 지시 내용 알았다 언제까지 하겠다. 즉, 당신의 메일에 내가 움직이고 있다는 것을 알려주는 것이고 이것은 답 보다 더 중요한 것이다. Response는 소통의 시작이다. Just do it!

내일 아침 회의시간에 직접 대면보고 해야지 하고 회신하지 않는다. 대면보고는 상대방이 원할 때는 해야겠지만 일반적인 상황에서는 개인적으로 추천하지 않는다. 요즈음 대부분의 상사들은 메일을 읽어 보고, 완결하는 것을 선호한다. 볼 것도, 결제할 것도 많다. 궁금한 것도 가능한 메일로 질문하고 꼭 대면이 필요한 경우에 부른다. 부른다는 것은 많이 수정 할 부분이 있다는 것이다. 물론 칭찬을 위해서 부를 때도 있다. 설혹 대면보고 하려고 생각했어도, 내일 아침 회의가 있어도 메일 보내자. 내일 보고 때 같이 보고하겠다고 쓸데없는 고집 피우지 말고.

이런 경우도 있다. 메일이 왔는데 보고해달라는 것도 아니고 내용을 보아도 딱히 피드백 할 것도 없는 메일이 종종 온다. 이럴 때에도 적절한 회신을 제때에 하자. 넵 알겠습니다. 혹은 명심하겠습니다. 현장 전파 및 교육 시키겠습니다. 등 회신합시다. 제발. Just do it!

SNS(카톡 등)는 즉시다. 상대방은 여러분이 내용을 언제 보았는지 알고 있다. 회신이 없을 때 몇 분까지 평상심으로 기다릴 수 있을까? 나의 상사는 2분 이내 회신을 원했고, 저는 아삽(ASAP: as soon as possible)으로 회신했다. 넵, 알겠습니다. 검토 후 보고계획 보내드리겠습니다. 3시간 후 보고 드리겠습니다. 넵. 지금 가겠습니다. 바로 실천하자. 해보면 쉽다.

근무시간에는 즉시 회신하자! Just do it! 퇴근 후에는 금지^^

Tip

SNS 세상이다. 지금은 없으면 안 될 것 같다. 물론 문제점도 있지만 장점이 매우 많다. 잘 쓰면 약이요, 못 쓰면 독이 되는 것이다. 잘 써서 약이 되도록 해야 할 것이다.

예전에 e-메일도 없던 시절에는 일일이 Fax 혹은 무역하는 사람들은 텔렉스라는 것으로 원거리 통신을 했다. 얼마나 불편했을까? 보고서도 상사를 찾아가서 일일이 대면보고를 해야 했던 시절이 있다. 하긴 한 때는 글씨를 잘못 쓰는 사람(악필)은 회사 일하기도 힘들었다.

지금은 보고서, 사진까지 올려서 공유하고 보고할 수 있다. 언제 어디서든지. 근무 시간외에 상사들이 SNS로 업무 지시를 해서 문제지만 (이것은 문제다) 역으로 상사에게 Timing 맞추어서 공유하고, 보고하는 것으로 잘 활용한다면 업무뿐만 아니라 관계까지 좋아 질 것이다.

특히, Response는 Timing이다. SNS의 매력을 잘 활용하자.

참고로 다니던 회사에서는 결제판이 없어진지 꽤 되었다. TV 드라마에는 아직도 나오는 것을 보니 아직도 결제판 들고 다니는 회사가 있는 것 같다. 하지만 회사에서 없어져야 할 것 중에 하나가 결제판이다.

Chapter 10 소통의 꽃 "중간보고"

중간보고는 업무 결과를 최선으로 만들어 준다. 그런데 대부분의 회사원들이 잘 하지 않은 것 중의 하나가 중간보고이다. 물론 중간보고가 필요 없는 것도 있고, 간단한 보고는 굳이 중간보고할 필요가 없다고 생각하겠지만 SNS를 이용해서 꼭 공유해 보라. 더구나, 기획 업무라든지 정책, 프로모션 수립 등의 다양한 의견과 이론이 있을 수 있는 업무는 중간보고가 필수라는 것과 중간보고는 납기 소통과 훌륭한 결과물을 내기 위한 필수 과정 이라는 것을 스스로 생각을 해야 한다.

중간보고는 일의 방향을 재확인하고, 보완하며, 최상의 결과물을 내기 위한 소통의 과정이다. 산꼭대기에 올라가서 "이 산이 아닌가 봐!" 한다면 내려와서 제 길 찾아서 옆 산으로 다시 올라 가야 한다. 이 상황을 실제로 본 적이 있는데 안스러울 정도로 힘들어 하더라. 초등학교 시절 신당동에서 주방세제를 한말 사서 집으로 가져오면, 어머니가 동네에 나누어 파는 일을 도와주곤 했다. 하루는 텅텅 빈 버스가 왔는데 이 버스가 우리 집(한남동) 정류장에 정차한 적도 있고, 그렇지 않은 적도 있는 버스였는데 텅 비어 있어 일단 탔다. 아뿔싸! 한남동을 가지 않아서 옥수동에 내려서 무려 2시간을 그 무거운 것을 들며, 메며 하면서 가지고 온 적이 있다. 타기 전에 물어 보았다면 즉, 중간보고 과정을 거쳤다면 뻘짓도 고생도 하지 않았을 것이다.

일을 시켰는데 마감은 다가오는데 하고 있는지, 제대로 하고 있는지 궁금해 한다. 미리 물어 보면 재촉한다고 할까봐 그냥 조마조마 하면서 기다리고 있는데 제대로 해 오면 로또 맞은 것 같은 기분이고, 방향 보완이 필요 하거나, 최종 결론이 미흡하다 보여지면 시간이 아깝고 좋은 감정으로 대하기가 어려워지는 것이다. 최대한의 인내를 가지고 다시 설명하고 협의하는데 알아듣지도 못하면 빵 터진다. 상사도 사람이다. 일은 같이 하는 것인데 혼자 알아서 하겠다고 하고는 제대로 못했기 때문이다. 내 자리에 있는 작은 액자에 "큰 소리 치지 말자"라고 직접 써서 놓아 둔 것이 있음에도 "욱" 한다. 중간보고는 보고자를 도와주는 과정이기에 스스로 챙겨 먹어야 하는 아주 좋은 과정이다. 대면보고는 굳이 필요 없다. 메일에 방향은 이렇게 잡았고, 이런 결론이 날 것 같고 언제쯤 보고하게 될 것이다. 이 정도의 중간보고면 될 것이고 초안이 있다면 첨부해서 같이 보내면, 상사 또는 상대방은 회신을 줄 것 이다. 다혈질 상사는 중간보고에도 방방 뜨는 분이 계시지만 그건 습관이지 소위 깨는 것이 아닐 것이다. 중간보고는 최종 결과물 제대로 만들기 위한 아주 좋은 과정이라 여기고 반드시 실천하자. Just do it!

일 잘하는 상사와 일 못하는 상사 구분

자기 팀원에게 시간을 충분히 줄 수 있는 상사가 일 잘하는 상사라고 본다. 물론 납기는 팀원이 제안하고 상사가 컨펌(confirm)하지만 두 세번 지연을 감당할 시간을 가지고 있는 상사가 일 잘하는 상사라고 감히 말한다.

팀원이 스스로 배우고, 자기를 역량화할 수 있는 기회를 주는 것이다. 코치를 하려면 시간적 여유가 있어야 한다. 회사 일인데 마감을 어겨 가면서 팀원에게 완결하게 하는 것도 일 잘하는 상사는 아니기 때문이다. 경험 많은 고참이 하면 바로 끝낼 수 있는 일이지만 참고 기다려주는 것이다. 그런 의미에서 일 잘하는 상사는 선제적으로 일을 하는 사람이다. 이런 상사는 항상 납기를 지배하고 그러다 보니 업무를 지배한다.

반대의 경우는 모든 일이 오늘 아니면 내일이다. 그러다 보면 일 잘하는 팀원만 죽어라 고생한다. 신입이나 경험 없는 팀원은 뒤치다꺼리만 하게 되고, 그러니 일에 재미가 없다. "내가 이러려고 대학 졸업하고 회사 취직 했나?"하는 자괴심이 들게 된다. 이력서 만지작거리고, 술 먹고, 등등. 선배님들 후배들 잘 좀 키웁시다.

이 글을 보고, 난 상사 복이 없어 라고 남의 탓하지 말고, 분기별 시장조사해서 선제적으로 일을 하는 습관을 만들고 상사에게 제안도 하면 "촉망 받는 사원"이 되는 것이다. 분기별 시장조사 Just do it! Again.

Tip

선물을 주고 받을 때가 많다. 연애할 때, 결혼해서, 명절 때 등등. 선물을 받으면 주는 사람에게 고마움을 느껴야 당연한 것인데, 그렇지가 않은 경우도 종종 있다.

내 생일마다 아들이 고맙게도 선물을 사준다. 선물을 주는데 익숙하지 못한 단점이 있는 나는 아들이 선물을 잘 하는 것을 보고 대견해 하고 있다. 좋은 습관이기 때문이다. 근데 그 선물 내용이 조금 아쉬울 때가 있다. 아들은 많은 고민을 하고 내게 필요한 것이라고 확신한 후에 선택한 선물이다. 하지만 가끔은 나에게 그다지 필요가 없는 것일 때가 있다. 미리 물어 보면 좋았을 텐데 하는 생각이 가끔 든다. 아쉬운 중간 확인

데이트할 때도 남자가 여자에게 선물을 주곤 한다. 일방적으로 사주는 편이다. Surprise! 기본적으로는 좋아한다. 자, 이제 결혼할 때 예물도 Surprise 식으로 하나? 아니다. 같이 가서 원하는 것을 고른다.

Surprise를 하든지 그냥 주든지 어찌됐든지 선물에는 기쁨이 있다. 하지만 받는 사람은 마음 꼭 드는 선물을 받는 확률은 적다. 기쁨을 두 배 하려면 Surprise 말고, 같이 가서 둘이서 알콩달콩 마음 드는 것을 고르는 방식을 택해라. 가격이 부담스러우면 얼마 한도로 하자고 미리 이야기하자. 그래도 좋아한다. 별로 마음에 안드는 것을 받는 것 보다는 같이 골라서 마음 드는 것을 선물 받는 것이 더 좋은 것이다. Surprise 보다 중간보고가 실용적으로 월등히 좋다.

Chapter 11 고객은 어디 있니?

요즘은 신입사원도 고객이 중요하다는 것을 안다. 학교에서도 배우고, 책에서도 배우고, 길거리에서도 배운다. 고객이 얼마나 중요하면 연필 얼마에요? 물으면, 연필님 말씀이십니까? 30원이십니다. 라고 답변하겠는가?

70년대에는 상황이 조금 달랐다. 집 전화 하나 놓는데 몇 개월을 대기해야 했고, 그 회사 밖에 없었다. 그런 시기에는 고객을 중요시 여기기보다는 상품을 더 중요해 하지 않았나 싶다. 공급 부족의 시대, 없어서 못 팔던 시대, 그런 시대는 아주 짧게 지나갔고, 넘쳐나는 물건에 이제는 고객이 고르는 시대가 된 것이다. 고객이 왕이다.

가성비 이야기 나오고 최근에는 가심비, "가격 대비 마음의 만족을 중요시 한다"가 대두되고 있다. 둘 다 한동안 회자될 것 같다. 그래서 고객을 잘 알아야 하고 고객이 원하는 상품, 서비스를 제공해야 경쟁에서 살아남고, 보너스도 두둑이 챙길 것이다.

그런데 의외로 아직도 일 하는 현장을 보면 고객이 없는 경우도 많고, 고객을 위한 것은 참 많이도 기다려야 하는 경우가 허다하다. 또는 시장에서는 그렇게 생각하고 있지 않은데 스스로는 고객을 잘 알고 있다고 자부하고 있는 것이다. 고객과 시장은 끊임없이 변하고 있다. 짚신 신던 사람은 고무신에 만족하겠지만, 고무신 신던 사람은 운동화를 원하기 마련이다. 종국에는 고무신 가격으로 운동화를... 가성비 어쩔 거냐?

신제품 출시 준비상황을 보자. 상품 출시를 준비하면서 Biz 프로세스를 정리하라 했는데, 고객은 어디에도 없고, ERP(enterprise resources planning, 전사적 자원관리) 프로세스만 덜렁 남아 있었다. 고객은 어디에서 우리 상품을 구매할 수 있는지 정의한 것이 없다. 특정 장소, 온라인 혹은 오프라인이든 구매할 수 없는 곳이 있다면 왜 못하는지 그 사유도 없다. 고객이 결제하고자 하는 수단을 정의 하지도 않았다. 구매 단위와 청구를 어떻게 원하는지도 없고, 온라인 구매 시 주문 후 몇 일만에 받기를 원하는지도 정의하지 않았다. 선금 매출인지 외상매출인지도 정의가 없다. 단지, 다른 상품에 썼던 프로세스를 가져다 조금 수정해서 쓴 것뿐이다. 효율이 좋다나? 30년 된 프로세스인데.. 그러다 망했다. 대부분 회사가 30년 안에 망한다는 이유 중에 하나일 것이다. 아니면 전부일 것이다. 나는 전부에 건다. 여러분도 보셨겠지만 비지니스 프로세스에 고객이 없다. 고객이 없는데 만들어진 프로세스를 가지고 전산 개발해서 잘 써먹는다면 천운일 것이다. 근데 이런 프로세스는 시장 피드백이 늦어서 문제가 곪아 터진 다음에야 경영층에서 알 수 있다는 것이다.

고객이 무엇을 원하는지, 가성비, 가심비를 따지는 고객을 담지도 않은 프로세스가 우리 회사에 얼마나 도움이 될까? Start-up도 그렇게 하면 안 된다. 고객 보다 중요한 것이 무엇인데 그것을 빼먹고 일을 한다 말인가! 여러분이 되돌아 다시 보아야 한다. 여러분이 한 일에 고객이 있는지 없는지? 내가 분기마다 시장조사하고, 베스트셀러(영화, 드라마, 소품, 사회적 이슈 등)를 보고 나름 노트에 정리하라고 한 이유가 이것이다. 정리만 하면 뭐해 일에 적용을 해야지. 일단 실행하라.

되돌아보자! 옛날에는 히트 상품이 많았다. 아무 것도 없었는데 희한한 것이 나오니 안사고 배기겠는가? 고무신, 자동차, TV, 세탁기, 냉장고 등 아예 없었기에 만들면 팔리던 시대는 가고 이제는 넘쳐나는 시대이다. 그래서 고객에게 가성비, 가심비를 어필하는 것이다. 이제 과거로 돌아가 만들면 팔리는 것을 만들고자 한다면 어쩔 것인가? 고객이 원하는 것을 만드는 것이 이제는 소극적 대처이다. 초격차, 퀀텀 점프를 하고자 한다면 고객도 무엇을 원하는지 모르지만 옛날에 자동차, 전화를 줄서서 사던 것 같이 고객이 안사면 미칠 것 같은 상품을 만들어야 하는 것이다. 고객을 몰라도 그것이 가능할까? 불가능하다. 알면 잘 될까? 알고 있어도 생각을 바꾸지 않으면 힘들 것이다. 기존대로 고객을 인식하려 할 것이기 때문이다. 그래서 Start-up이 유리하다는 것이다. 똑같이 고객을 바라보아도 고객에게 제공하는 것이 다르니까. 달라야 거대 경쟁자를 이길 수 있으니까. 똑같이 해서는 절대로 이길 수 없다.

이제 회사에 들어온 신입, 그리고 이제 간신히 몸값 할 수 있는 대리님들 해야 할 일과 경쟁력을 갖출 방법은 고객에 대한 철저한 분석과 새로운 생각뿐이라는 것을 명심하라. 일단 분기별 조사부터 실행하자!

아이들 교육 때문에 집에 TV가 없는 분은 다른 방법을 찾아야 하시겠지만 나는 TV를 추천한다. 시대의 흐름, 이슈를 직접 경험하지 않고 신문을 통해서 아시는 여러분의 상사를 이길 방법을 직접 체험뿐이다.

도깨비(tvN 드라마)를 보지 않고 어떻게 고객과 코드를 맞출 수 있는가? 나는 이해할 수 없다. 신문 보고 그 느낌을 알 수 있는가? 왜 여성들이 혹은 남성들도 열광하는지를? 고객을 미치게 하는 상품을 만들려면 고객이 미치고 있는 콘텐츠를 같이 체험하자. 다시 한번 천만 영화, 베스트셀러 책 등등.

Tip

전기차, 전기오토바이 시대가 도래하고 있다. 인프라, 충전 인프라를 많이 고민한다. 생각을 바꾸지 않은 결과다.

고객은 충전을 빨리하는 것이 본질이 아니라, 그것은 주유소나 충전소 입장의 생각이고, 고객은 언제 어디서든 차를 안정적으로 운행하고 싶은 것이다. 그렇게 고객의 본질적 욕구를 이해하면, 적어도 전기오토바이는 해결책이 나올 수 있다. 배터리를 교환해 주면 되는 것이다. 회원제로 운영을 하면 그럴듯한 시업모델이 나올 것 같다. 그렇다면 자동차 연료 사업에 어떤 플레이어들이 참여가 가능할까? 전국에 있는 전자제품 양판점, 편의점, 기존 주유소 등이 회원제로 운영한다면 치열한 경쟁이 될 것이고, 다양한 Biz 모델이 나타날 수 있을 것이다. 배달 업체, 렌탈케어 업체까지 나타날 수 있다. 고객 중심으로 생각을 바꾸면 사업기회가 보인다. 매일 매일 고객을 연구하자. Just do it! 오토바이가 1집 1대 이상 있는 동네로 가즈~아.

Chapter 12 생산적인 사람, 일 잘하는 사람

육체적인 노동을 많이 하는 현장에서 하나를 시키면 둘 셋을 하고, 하나를 가르치면 열을 배우고 실행하는 사람들이 있다. 그들을 일러 소위 "일머리가 좋다"고 한다. 일머리의 사전적 의미는 어떤 일의 내용, 방법, 절차 따위의 중요한 줄거리를 말한다. 그런데 처음 일을 하는 사람이 사전적 의미의 일머리를 가지고 있을 수 없다. 그럼에도 척척 일을 잘 하는 사람에게 "일머리가 좋다"라고 한다. 이런 사람하고 일하면 참 편하고 좋다.

뉴욕타임즈 기자인 '찰스 두히그' 라는 분도 그의 저서 "1등의 습관"[6]에서 아래와 같이 이야기한다. 읽고 워라밸시대의 일머리를 터득하면 좋겠다.

가장 생산적인 이들은 희생을 더 많이 치르거나, 열심히 일하는 사람이 아니다. 정작 일을 잘하는 사람은 정말 중요한 것과 추구할 목표, 우선순위를 생각하는 사람들이다. 깊이 생각한 후에야 모든 일을 더 스마트하고, 더 바르게 더 잘 해낼 수 있다. 그래야 바쁘기만한 사람이 아닌 진정 생산성이 높은 사람이 될 수 있다.

6) 찰스 두히그의 저서 "1등의 습관" 원서 제목은 Smarter Faster Better이다.

자동차 회사에 근무할 때 우리 팀에서 통용되던 말이 있다. "누가 열심히 뛰라고 하나, 한 골 넣으라 했지" 축구장을 종횡무진 휘젓고 다니는데 골이 못 넣고 체력은 탕진하는 축구는 정말 못할 짓이라는 것을 빗대어 하는 말이며, 업무를 할 때 제대로 하라는 말이다. 시간을 많이 쓰고, 적게 쓰는 것의 문제가 아니라 제대로 방향 잡고, 임팩트 있는 한방을 보여주는 결과물을 산출해 내자는 나름 팀 구호였다.

잭 리처가 주인공인 리 차일드의 시리즈 소설 "61시간"이라는 책에 아래와 같이 글이 있다.

잭 리처는 한 시간쯤 사건 파일을 들여다 보고 두 시간쯤 생각에 잠겼다가 세 시간쯤 지도와 전화번호부를 들여다 보면 찾고자 하는 인물(용의자)이 어느 도시, 어느 건물에 있는지 짚어 낼 수 있다.

이 책에서 완벽주의는 일의 방해꾼이라 누누이 강조했는데, 위의 글도 완벽주의 아닌가 하는 의문이 생길 것이다. 물론 아니다. 잭 리처는 이미 일을 시작한 것이다. 3시간 전에 용의자를 찾기 위한 사전 정보를 철저하게 분석하고, 서로 떨어져 있는 단서들을 연관시키고, 분해해서 새로운 정보를 추출하고, 그에 따른 지역과 그간 경험상 축적된 도망자들의 숨어드는 건물에 대한 습관 Data 조합하여, 용의 대상 건물을 3개까지 짚어 내는 것이다. 완벽주의는 업무와 상관없는 것을 준비하고, 결과 도출을 잘 할까 하는 막연한

두려움에 우왕좌왕 하는 것을 말하는 것이다. 집중해라. 해결해야 하는 업무에, 그리고 실행하라. 여러분 앞에 놓인 것은 장애물이 아니라 해결해야 하는 과제이다. 100% 해결할 수 있는 과제일 뿐이다. 얼마나 빨리, 얼마나 정확하게, 얼마나 효율적으로 해결 하느냐를 고민하고 검토하면 된다.

일단은 자기 경험부터 소중하게 관리해라. 머리 속에서 관리가 안되면 컴퓨터에 의존하든, 메모 노트에 의존하든 해야 한다. 이것은 노하우로 자신의 역량이 되는 것이다. 이게 쌓이면 전문가가 된다. 카이스트에서 학생을 가르치는 개인적으로 존경하는 교수님이 하신 말씀이 생각난다. 디자이너는 말로 하지 않고 노트를 가지고 다니며, 자기보다 나은 디자이너를 만나면 그 동안 노트에 메모했던 디자인이나 컨셉을 보여준다고 한다. 그것이 디자이너를 대변하는 잣대라고 한다. 그것을 매개로 대화하고 친분을 갖고 서로 영감을 주고받으며 교류를 지속하게 된다고 한다. 경우에 따라서는 보완도 받고, 같이 작업 하자는 제안도 받고...

어릴 적부터 머리속을 관리하는 습관이 있었다. 마치 컴퓨터 디렉토리 구조와 같이 착착 정리되어 있다가 어떤 정보가 들어오면 그와 연관된 정보들이 좍 나오면서 해결 방법, 새 정보와 기존 정보의 조합으로 새로운 아이디어, 누구한테 물어 볼지, 그와 아주 밀접한 자료가 어디 있는지 등이 떠오른다. 거기에서 필요에 따라 상황에 따라 최선을 것을 쓰면 된다.

중요한 것은 무작정 덤벼들지 말고, 일의 목적과 납기를 명확히 이해하고, 최선의 업무방식을 찾아서 해야 한다. 신입사원이라 회사에 관한 것은 머리속에 있는 것도 별로 없고, 일은 생소하기만 하다고 푸념하는 사람은, 20년이 지나도 똑같은 푸념을 할 것이다.

학교에서 배운 것, 책, 상식, 신문, 인터넷, 선배 조언, 회사 내의 수많은 보고서, 특히, 기라성 같은 에이스들이 작성한 보고서는 국 끓여 드실 때 쓰려고 아끼고 있나? 평소에 찾아보고, 업무를 받으면 범위를 좁혀 집중적으로 찾아보고, 그래서 일이 끝나면 자신만의 디렉토리에 잘 저장해 놓아라.

정보를 새로 받는 즉시 기존 정보와 조합, 연관 등 상호작용 할 수 있는 훈련을 지속하자. 그렇게 하다 보면 일머리가 생기고, 고참이 되어서는 신참, 후배들에 대한 코치가 가능해지는 거다. 짱짱한 일머리 만들기 훈련, 바로 시작하자!

Tip

마케팅전략 기획 훈련

자기가 관심이 있는 분야의 상품 광고를 선택한다. 신문, 잡지, TV 광고 어떤 것이든 보고, 그 상품의 마케팅전략을 유추해 보자.

광고라는 것은 마케팅전략을 시장과 소통하는 수단 중 하나 이기 때문에 광고을 계속 분석해 보면 그 광고를 만들게 된 마케팅전략, STP(segment, target, positioning)을 알 수 있을 것이다. 물론 본인의 생각이 맞을 수도 있고, 틀릴 수도 있다. 연습하여 몸에 익히는 것이 중요한 것이다. 정리가 되었으면, 그 정리된 전략을 바탕으로 내가 한다면 어떻게 할 것인지 전체적으로 보완해 보자. STP는 물론 광고도 보완할 수 있을 것이다. 그 외 유통전략이나 가격정책, 상품전략의 보완도 가능하다. 어차피 혼자 스스로 연습하는 것이니까. 자신 있게 해 보자. 몇 번 하다 보면 어떤 것은 더 좋은 아이디어가 나올 수도 있고, 현재의 광고가 전략을 잘 담아 주고 상품이 대박 나게 해 줄 것이라는 자기 나름의 확신이 생길 것이다. 기회가 된다면 자기 생각을 주위의 적당한 사람들에게 들려주고 의견을 받을 수도 있다. 나는 몇 번 그렇게 했었다. 쑥스러워 하지 마라. 인생 공부다. 이런 훈련을 하다 보면 이게 은근히 재미있고, 마케팅 역량 키우는데 아주 좋다. 뭘 망설이는가! Just do it!

하나 더,

공 점유율 72%, 승부는 1-2 패, 그럴 수 있다.

공 점유율 68%, 승부는 0-1 패, 뭐 그럴 수 있겠지

공 점유율 70%, 승부는 1-3 패, 이게 뭐야?

열심히 뛰고, 공 점유율 많은데 계속 진다면, 참 축구를 비효율적으로 하는 거다. 한마디 더 하면 점유율이 높은데 골이 빈약한 것은 슛을 안 한 것이다. 슛을 안 하는데 골이 들어갈 일이 없지 않은가. 로또를 사지 않고 로또 당첨시켜달라고 하는 것이랑 뭐가 다른가...

일머리가 없는 거다. 회사로 치면 야근하고, 철야 하고 참 열심히 일하는데 적자!

같은 상품을 파는데 경쟁사는 이익이 30%인데, 우리는 5%. 뭐 이런 이야기다.

일 같지 않은 일에 매달리지 말고 가차 없이 없어라. 없앨 수 없다면 더 효율적으로 잘 할 수 있는 곳으로 조정하자. 돈 조금 들여서 자동화/전산화해서 줄일 수 있는 것은 다 없애거나 줄이고, 보너스 많이 받을 수 있는 일에 올인 하자.

없애도 되는 일을 붙들고 있는 것은 우리의 보너스를 줄이는 짓이다.

Chapter 13 위대한 메모, 위험한 메모

김정은이 시찰 나간 TV 뉴스를 보면 주위 장성들이 열심히 메모를 하고 있는 모습을 종종 볼 수 있다. 목숨(?)이 달린 일이기 때문인가 하고 옛날 생각을 잠시 해 본다. 회사 회의실에서도 가끔 볼 수 있는 정경이다. 다들 열심히 메모를 하고 있다. 물론, 나도 메모를 종종 한다. 과연 그것이 위대한 메모인가?

어떤 아이디어를 메모 하고, 악상을 메모하고, 디자인 컨셉을 메모하고, 담겨져 있는 무엇인가를 표시하기 위한 메모 등등. 이러한 메모는 위대한 메모의 후보가 되고, 때로는 위대한 메모가 되어 인류에 공헌하고, 사회에 공헌하는 메모가 되기에 반드시 습관이 되어 있어야 한다. 요즈음은 스마트폰이 있어 메모가 참으로 편리해졌다.

그럼 위험한 메모란 무엇인가? 그런 메모가 있기는 한 것일까? 독재자와의 미팅 때 적는 메모, 청와대의 어느 경제수석 메모, 이런 것이 위험한 메모일까? 내가 경험한 위험한 메모는 화자의 생각, 의도를 기록해 놓는 것이 아니라 화자의 말을 자기 나름대로 소화해서 적어 놓는 메모이다. 나중에는 화자의 의도는 어디에도 없고 본인의 생각만이 남아 있기 때문이다.

B대리가 D부장에게 질책을 당하고 있다. 모임 장소에 늦게 와서 중요한 미팅이 차질이 발생된 것이다. 그래서 그 전 회의에 참석했던 사람들의 메모를 다시 보았다. B대리의 메모는 택시를 타고 올 것이라고 적혀 있다. A과장과 C사원의 메모에는 늦지 않게 빨리 올 것이라고 적혀 있다. D부장은 무엇이라고 했을까? D부장이 B대리에게 질책하는 말에 담겨 있다. "내가 언제 택시 타고 오라고 했나, 길이 막힐지 모르니 늦지 않게 빨리 오라고 했지" B대리는 빨리 오라는 말에 택시를 타고 올 것이라고 위험한 메모를 했던 것이다. 늦지 않게 빨리 오라는 것이 D부장의 의도이고 지시사항 임에도 잘못된 위험한 메모는 B대리를 위험한 직장생활로 내몰았다.

메모는 화자의 의도를 정확히 적어 놓는 것이다. 메모를 해야 한다는 강박 관념에 화자의 이야기를 제대로 듣지 못해서 어설피 적거나, 자기 생각을 적어 위험한 메모를 남기게 되는 것은 아닌지 되돌아보아야 한다. 메모를 하는 척만 하고 그림을 그리거나 추상 도형을 그리는 사람도 많고, 아예 메모는 하지 않고 메모하는 척 빈 볼펜으로 열심히 쓰는 것처럼 페이크를 하는 직원도 본 적이 있다. 결국 노트에는 아무것도 적혀 있지 않다. 뇌순남을 노트에서 확인하는 순간이다.

지시한 것과 동 떨어진 일을 반복적으로 하는 사원이 있었다. 유독 메모를 열심히 했던 기억이 있어 뭐라고 메모를 했길래 다른 일을 하는지 노트를 보았더니 페이크 또는 그림, 엉뚱한 내용이 적혀 있었다. 위험한 메모는 그만, 위대한 메모를 합시다.

여기서 질문 하나

자기는 성실히 메모를 했는데 그것이 화자의 의도와 일치 하는지를 어떻게 알 수 있는지, 화자의 의도와 다르다면 위험한 메모가 될 텐데... 걱정이 안 될 수 없다. 위의 글을 보면 고문관이 되는 것 같은 착각에 빠질 수 있다. 상대방의 의도, 핵심을 잘 파악하는 능력자도 있고 그렇지 못한 사람도 있다. 물론 여러분도 훈련하면 능력자가 될 수 있다. 이렇게 해 보자. 회의가 끝날 때 본인이 메모한 것 중 자신이 실행해야 할 것을 읽어서 확인을 받는다. 단점은 회의가 길어져서 다른 사람들에게 눈치 받는다는 점이다.

추천 방법은 문명의 이기를 이용하면 된다. SNS(카톡 등)과 메일을 이용해서 확인을 받으면 된다. 그렇게 하면 상대방은 여러분이 일을 제대로 열심히 하려고 하는 것으로 보여 호감을 갖게 된다. 도랑치고 가재 잡고, 꿩 먹고 알 먹고, 마당 쓸고 돈 줍고 일거양득이 되는 것이다. 메모 제대로 하자. Just do it! 메모하고, 확인을 받아라.

Tip

회의록이나 현장 답사, 고객사 방문 등을 하고 난 뒤에 보고서를 쓴다. 나는 2가지 방식을 보고서를 작성했다. 한 가지는 있는 그대로를 사진 찍듯이 객관적으로 적는 것이다. 간접 경험이지만 최대한 현장의 내용을 그대로 전달하고자 하는 의도이다. 물론 보고자 의견도 포함한다.

나머지 방식은 내가 이해하는 느끼고 소화한 내용을 적는 것이다. 두 가지 모두 사실(fact)을 바탕으로 해야 한다. 왜곡이 있어서는 안 된다. 전달하고자 하는 것을 명확히 전달하는 방식이며, 상황에 따라서 더 적합한 보고서를 쓴다. 이럴 때는 이렇게 쓰고 이럴 때는 이렇게 쓰라고 답을 정해 놓을 수는 없다. 하지만 좀 더 중요한 의사결정이 필요한 것은 첫 번째 방식을 많이 사용했던 것 같다. 그 이유는 내 선배, 상사는 나보다 더 폭 넓고, 많은 경험을 가지고 있어서 같은 현상을 보고, 더 많은 해결책, 더 효율적인 해결책을 창출할 수 있기 때문이다. 물론 내 의견을 바탕으로 더 세련되고 멋지게 도와 줄 수도 있기 때문이다. 그러기 위해서는 정확하게 전달하는 것이 좋다고 판단했던 것 같았다.

여러분도 고민해 보라. 여러분의 보고, 메모 방식을...

두 가지 방식으로 보고 쓰는 것을 연습해 보자.

어떻게 이해하는 가를 알기 위해서 가끔 나의 아내에게 보여줄 때도 있다.

Chapter 14 눈맛을 높여라

우리나라 최고의 목조 건축물하면 영주의 부석사 무량수전이 제일 먼저 떠오른다. 건물의 비율과 처마 곡선, 추녀의 적절한 비상(飛上)은 더하지도 덜하지도 않은 아름다움을 보여주는 고건축의 백미가 무량수전이다.

한옥 목수들 대개가 많게는 계절마다 적게도 1년에 1번 정도는 무량수전에 간다. 성지 순례라고 할 수도 있다. 목수로서 가는 것은 눈맛을 익히러 가는 것이다. 무량수전을 하루 종일 바라보며, 망가진 눈을 교정하거나, 높아진 만큼 더 볼 수 있는 것을 찾아 눈맛을 익히는 것이다. 이러고 현장에 가면 잘못된 것은 왠지 눈에 거슬리고 찬찬히 관조를 하면, 잘못된 부분을 찾게 된다. 이러면서 실력을 쌓아가는 것이다. 그러나 현장의 다양한 요구와 현실적인 벽에 눈맛이 맛이 가면, 다시 부석사 무량수전을 찾아 명품 눈맛을 익히는 것이다. 그래서들 부석사에 열심히 간다. 나도 몇 번 가서 몇 시간씩 무량수전을 보곤 했다.

회사 다니는 사람이 집 짓을 것도 아닌데 눈맛을 이야기하는 것은 회사 일도 마찬가지라는 것이다. 현장에서 현장관리자와 같이 다니면 나에게는 거슬리는 것이 있어 지적하면, 현장관리자는 왜 그것을 지적하는지 모르겠다는 표정이다. 자기 눈맛이 후진 것도 모르고, 눈맛이 후져서 어디가 잘못 되었는지를 모르는 것이다. 100점을 추구하는 사람과 60점만 넘으면 되는 사람의 눈맛이 당연히 다를 것이다. 60점만 넘으면 되는 사람은 61점에서 99점까지의 문제점을 인식할 수가 없어 60점에서 발전이 안 된다. 반면 100점을 추구하는 사람은 0~99점까지의 개선점을 인식하고 대소완급에 맞추어 개선해 나갈 것이다. 모르고 안하는 것과 알고 순서에 따라 하기 위해 지금 안하는 것이 천지 차별임을 명심해야 한다.

회사는 누구를 선택할까? 당신이라면 누구에게 일을 시키고 싶을까? 이건 질문도 아니다.

회사에서는 어떻게 눈맛을 익히나? 무량수전과 같은 것을 열심히 보라. 회사에서 잘 나가는 사람의 보고서나 품의서 가져다 보라.

유명사 컨설팅 회사의 제대로 된 보고서 등을 보아라. 더 쉬운 방법은 사장 또는 회장에게 보고되는 문서들을 보아라.

회사에서 폰트와 글씨체를 친절히 알려준다. 문서 내에서 가이드, 문서별 가이드를 정해 준다. 일 잘하는 직원을 보면 그것을 잘 따라한다. 나는 아예 기본 셋팅(setting)을 그것으로 했다. 왜냐하면, 그게 문서 작성의 눈맛을 친절하게 표준화 한 것이기 때문이다. 평생을 그렇게 쓰고, 보고 받은 분들의 눈맛인 것이다. 눈맛을 가르쳐 주는데도 굳이 자기 멋대로 한다. 개성은 있다고 할 수도 있을지 모르지만, 굳이 특별한 이유도 없이 안하는 것은 무개념에 더 가깝다고 본다. 사소한 것에 시간 낭비, 정력 낭비 하지 말자.

한번은 기본 셋팅(워드프로세서를 열면 나오는 기본 셋팅 값) 하는 법을 친절하게 정리해서 팀원 전체에게 준 적이 있다. 그리고 검사하겠다는 협박과 함께... 결과는 셋팅 안한 직원이 절반도 넘는 것이다. 검사 하지 안아도 안다. 내게 보낸 문서를 수정하려고 하면 기본 세팅 값으로 나오기 때문에... 회사 지정 폰트를 사용하지 않은 문서를 보면 수정 참 많이 하게 된다. 왜? 내 눈맛이 아니니까. "상사도 사람이다"라는 것을 명심하자. 물론 회사는 내용을 보자고 하지만 지킬 것은 지켜보자. 보기 좋은 떡이 먹기도 좋다. 그렇다고 시간이 더 드는 것도 아니고. 창의성을 방해하는 것도 아니다.

좋은 책을 보면 혹은 좋은 사례가 있으면 따라서 해보자. 눈맛을 익히면 실천해 보시라는 것이다. 이 책에 있는 것도 제발 따라 해보면 참 좋겠다. 대부분의 사람들이 좋은 책을 보고 '좋은 책이야' 한마디 하고는 1도 실행하지 않는다. 그러면 말짱 꽝이다.

좋은 전시회도 가고, 좋은 강의도 듣고, 선배, 상사들의 좋은 점은 따라쟁이 처럼 따라서 하자. 하다 보면 자기 것이 된다. Just do it! 눈맛을 익혀라! 그리고 실행해서 내 것으로 만들자.

Tip

나의 이력을 보면 다양한 일을 한 것을 알 수 있을 것이다. 나는 새로운 업무를 시작할 때마다 교육 품의를 썼다. 고기도 먹어 본 놈이 맛을 안다고, 뭐가 눈맛인지 알아야 눈맛을 높이던 내리던 할 것 아닌가?

교육의 여의치가 않을 때는 관련 서적을 보고, 인터넷을 뒤지고 해서 나름 지식을 쌓고, 눈맛을 높였다. 대부분의 관련 서적과 교육을 같이 했다.

교육은 최장 긴 것은 3개월에서 짧은 것은 2일짜리도 있다. 대부분은 1주일자리 교육을 받았다. 관련 전시회 등 일부러 찾아가 보았다.

대부분의 상사는 일을 잘하겠다고 스스로 교육 과정을 찾아서 상의 드리면 승인해 주신다. 걱정 말고 도전하라. Just do it!

내 상사 중에 영화 '아바타'를 보고 아바타 수준의 제안서를 내놓으라고 하신 분이 있었다. 아바타 수준을 만들려고 많은 노력들을 했고, 아바타 수준은 아니지만 우리 수준이 많이 발전하기는 했다. 눈맛! 높여야 한다!

Chapter 15 심플 is 베스트(The Simple is The Best)

심플한 것이 최고다. 엘리베이터를 같이 타고 올라가면서 1분 안에 설명하여 결심을 받아 내어라. 여백의 미가 최고다(PT할 때 1페이지에 한 문장 써놓고 하는 말) 등 이것도 자동차회사 다닐 때 우리 팀 구호 중 하나였다. 간략하면서도 전체를 표현하라.

지인들에게서 새로 발굴한 사업 아이템을 설명을 듣는 경우가 가끔 있다. 한참을 설명하는데 왜 저게 돈이 되는지 모르겠고, 복잡하다. 이런 것은 100%가 아니다. 이런 사업은 하면 안 된다. 하지 말라고 하면 싸움 나니까 시큰둥하게 대답한다.

반대로 너무나 심플한 것은 이해가 된다. 설명이 아주 쉽다. 저거 하면 돈 되겠다. 심플 is 베스트, 심플하게 대답한다. 혹은 돈이 안 될 것 같다고 해도 심플하게 이해시킬 수 있어서 싸움도 잘 안 한다.

나의 스승이라고 할 수 있는 상사가 이런 말씀을 자주 하였다. 초등학교 5학년생이 봐도 이해하기 쉽게 써라. 뭘? 보고서든 기획서든 메일이든 뭐든, 남에게 보여주기 위해 쓰는 것은 모두 쉽게 써라. 나는 이 말씀이 심플 is 베스트라는 말의 핵심이라고 생각한다. 초등학교 5학년생(왜 5학년인지는 모르겠다. 4학년도 아니고, 6학년도 아니고...)이 이해하려면 당연히 심플해야 하지 않겠나? 화장실 표시처럼 직관적이어야 할 것이다.

내가 반도체 영업을 할 때이다. 외국 회사의 Agent와 영어로 의사소통을 해야 했었는데, 도면을 그려서 승인을 받는 과정이 있었다. IC의 Lead가 400여개가 되어 한국말로 들어도 힘든 내용을 영어로 외국 사람에게 전달해야 하는 어려움이 있었다. 처음에는 영어로 낑낑되며 했다. 어디가 어떻게 잘못되었고, 어떻게 고치라고 작성하다 문득 깨달은 것이다. 심플 is 베스트 그리고 직관적으로 이해하지 않을래야 이해하지 않을 수 없는 방법을 써야겠다.

Communication은 언어만으로 하는 것이 아니다. 그래서 잘못된 부분의 도면을 스크린 샷으로 떠서 잘못된 부분을 동그라미(A)로 표시하고, 제대로 된 도면을 스크린 샷으로 떠서 역시 동그라미(B)를 그려 넣고 두 그림 아래 이렇게 썼다. Pls correct A to B. 100% 정확하게 수정되어 온다.

(줄처럼 보이는 것이 패턴이다. 이것이 IC와 기판를 연결한다)

그 후로는 다양한 업무에 진짜 Communication을 활용했다. 심플 is 베스트, 초등학교 5학년생도 알 수 있게. Just do it!

자동차회사에 있을 때 부회장님까지 모시고 영업 준비 완료 대회를 준비한 적이 있었다. 이때에도 가르침을 받았다. 심플 is 베스트. 내외빈 맞이부터 전시물 보고, 대회 보고, 결의, 폐막 전체를 기획하고 관리, 시행해야 하는데 해본 적이 없는 나로서는 바쁘기만 했지 도대체가 막막했었는데, 스승 같은 상사가 하신 말씀을 심플하게 실천하기로 했다. 그 분 말씀이 전체 시나리오를 모두 쓰고, 그것을 가지고 직접 해 보면 빠진 부분, 보완할 부분이 나올 것이고 그것을 채우고, 보완하면 실수를 최소화하고 성공적으로 대회를 치룰 것이라는 것이었다. 그래서 나는 고민 없이 Just do it! 전체 시나리오를 작성하고 시나리오대로 몇 번을 사전 예행연습을 하니 많은 부분을 보완할 수 있었고, 나중에는 자신이 붙어서 인사말 등과 같은 것까지 모두 넣다 보니 하나의 대본(?)이 되었다. 그것을 행사 준비 관계자에게 사전에 배포하고 이대로 해달라고 했다. 그런데, 읽어 보시고 간혹 더 좋은 아이디어를 주셔서 수정, 보완하고 그러다 보니 시나리오는 점점 완성체가 되어 갔다. 결론적으로 대회를 아주 잘 치렀던 기억이 있다. 근간이 되는 대본이 있으니 전체를 헤치지 않고 애드리브나 더 좋은 아이디어를 녹여 넣을 수가 있었던 것이다.

그걸 어떻게 하지 고민하지 말고 심플하게 그냥 해보라. 처음은 엉성한데 그대로 하다 보면 추가하고 보완할 것이 생긴다. 그것을 추가하다 보면 참 제대로 된 것이 불쑥 나타난다. 그리고 관련된 사람들의 아이디어가 추가되면 금상첨화가 되는 것이다. 대회 진행 관련자들에게 대본을 주는 것보다 심플한 일이 어디 있겠는가? 심플 is 베스트.

100억 정도의 투자를 위해서 투자 심의서를 준비한 적이 있다. 시장이 어떻고 그래서 기회가 있고, 그 중에서 우리는 이 정도는 판매할 수 있으니 이 정도 투자를 하면 이 만큼의 이익이 있을 것이다. 열 몇 장을 초등학생 5학년생이 보아도 이해할 수 있게 정리했다. 사내 심의 통과, 외부 심의를 위해서 3장으로 줄여 한다고 한다. 10장씩이나 볼 시간이 없다고... 그래서 줄였다. 3장으로. 역시 심의 통과. 외국 파트너 부회장에게 승인 받아야 한다고 영어로 1장으로 만들라고 한다. 그래서 줄였다(영어로 하면 이상하게 순서가 뒤집어진다. 한번 해보아라) 영어로 1장. 통과. 투자 집행.

대부분의 회사 다니시는 직장인들은 심플하게 하라고 하니까 밑도 끝도 없이 1장으로 만든다. 보기에는 심플한 것 같지만 내용은 복잡 다난하다. 도대체가 무슨 내용인지 뭘 주장하는지를 모르겠던 보고서를 참 많이 보았었다. 심플 is 베스트는 양이 아니다. 첫 사례(반도체)는 1장으로 10장 할 것을 정리했지만, 두 번째(대회 준비) 사례는 몇 수 십장이 된다. 세 번째(투자) 사례는 열 몇 장에서 3장, 1장으로 줄여 나온 것이다. 열 몇 장의 내용을 고스란히 담은 상태로 1장으로 간 것이다.

보시면 알겠지만 '심플 is 베스트'는 양이 적은 것이 아니라, 가장 쉬운 직관적인 소통을 말하는 것이다. 형식만 따라 한다고 '심플 is 베스트'가 되는 것이 아니라 내가 설득하고자 하는 대상에 가장 최적합화된 무엇인가를 찾아서, 자신의 베스트를 쏟아 부었을 때 나오는 산출물이다. 두 번째와 세 번째는 기본이 책을 많이 읽어야 한다. 어떤 책이든 좋다. 나쁜 책은 없다. 첫 번째는 다양한 소통 수단을 찾아보아라. 그림 전시회도 가고, 외국의 몸짓 손짓에 대한 것도 보고, 각국의 아이콘도 찾아보고 세상의 다양한 소통 방식을 의식적으로 찾아보고 자신의 디렉토리에 잘 저장해 두어라. 보고서를 쓰거나 메일 보내거나 메모를 보낼 때, 양 보다는 내용이 쉽고, 심플, 직관적이고 오해의 소지가 없도록 보내라.

이것을 훈련하고 그것을 줄여 나가라. 제대로 하고 있는지 알고 싶다면 자기 부인, 애인 혹은 조카, 아들에 보여줘 봐라. 결과가 금방 나올 것이다. 화내지는 말고. Just do it!

Tip

여행 다닐 때 유용한 아이콘 T셔츠

아이콘을 찍으면 소통이 된다^^

소통은 상대방이 내 의도를 잘 이해하게 하는 것이다. 뭘 사용해도 된다.

하나 더

주역에 이런 말이 있다. 이즉이지(易則易知), 간즉이종(簡則易從)

쉬우면 알기 쉽고, 간단하면 따르기 쉽다. 매뉴얼을 만들 때 꼭 명심해야 할 좋은 말이다. 영어로 하면 Simple is The Best이다.

Chapter 16 W = F · S, 일은 힘 곱하기 거리

W=FS는 물리학 공식이다. 일은 힘을 가해서 일정 거리를 움직인 것이다. 사실 물리학은 어려운 것 같지만 세상 이치를 체계화한 것이기에 그대로 따르면 된다. 높은 곳에서 낮은 곳으로 간다는 물리법칙은 높은 곳에서 삘짓하면 바닥으로 떨어져 심하게 상한다는 것을 알려준다.

W=FS를 하나씩 나누어서 특성을 파악해 보자. W는 일, 업무, 회사 일이다. F는 힘, 노력, 근무, 자원이다. S는 거리, 결과, 산출물이다. 하지만 힘과 거리는 방향이 있다. 힘을 주는 방향대로 물체가 움직였다면 효율이 좋은 것이고, 힘의 방향과 다르게 움직였다면 그만큼 일 효율이 떨어지는 것일 수 있다. "그렇다면 일을 잘한다. 생산성이 좋다"라는 것은 무엇일까? 아래 수식을 보자

	W	=	F	×	S
①	1000	=	1000	×	1
②	1000	=	100	×	10
③	1000	=	10	×	100
④	1000	=	1	×	1000

여러분의 회사에서는 어떤 것을 원할까요? 나라면 ④번일 것이다. 저녁이 보장되는 회사, 워라밸(Work & Life Balance)인 것이다. 이런 것을 하려면 당연히 ④번이 되어야 하고, 혁신, 개혁, 창의와 어울리는 것이 ④번이고, 그렇게 하려면 우선 생각부터 바꾸고, 일단 실행해야 한다.

아래는 끔직한 사례들 이다.

	W	=	F	×	S
⑤	0	=	1000	×	0
⑥	0	=	1000	×	∞(코사인 90도는 0)

⑤번은 벽을 밀고 있는 사례이다. 그야 말로 뻘짓, 이것 보다 조금 나은 것이 ①번을 시장으로 보면 강렬한 레드오션 시장인데 차별화도 없고 그냥 무작정 덤벼드는 것이고, 회사 내의 일로 보면 Data도 없이 상사를 설득해 보겠다고 뭔가를 아주 열심히 하는 일일 것이다. 웃기죠^^

⑥번은 등속 원운동이다. 계속 돌고 있는 힘 방향과 상쇄되는 방향으로 운동을 해서 결과적으로 일은 한 것이 없는 것이다. 다람쥐 쳇바퀴 돌듯이 아무 생각 없이 매일 하는 일이 똑같고 10년이 지나도 발전이 없는 경우라 생각된다.

남성 여러분이 싫어하는 대형 매장에 부인 따라 쇼핑 갈을 때 상황을 보자. 카트를 밀고 다니는 사람은 ②번, ③번 정도 되겠고, 바구니를 들고 다니는 분은 ⑤번이 되고, 바구니를 빙빙 돌리며(미친 것 아니냐?) 마누라 따라 다니는 분은 ⑥번이다. 쇼핑하러 가시면 카트를 밀어야지 들고 다니지 말자. 아들을 시키고 카트를 타고 있다면 ④번이다. 바퀴가 고장 난 카트를 가지고 쇼핑 하시는 분은 ①번이다. 스마트한 쇼핑에 끌려 다니기에 적용해 본 Work Smart 이다. 이 책은 적어도 ④번과 같이 일 하자고 하는 책이다. 이것은 개인도 중요하지만 국가도 아주 중요한 문제다.

Start-up에 종사하는 분들에게 오해를 사지 않기 위해 사족을 단다. (힘)F=ma이다. 즉, 질량 곱하기 가속도이다. 다시 말하면, m 핵심역량을 제대로 키우면서, a 초지일관 지속적으로 도전한다면 가속이 붙어 종국에는 벽이 날아가 버리고 S는 무한대에 가깝게 되어 F 대비 S가 매우 커져서 커다란 열매를 얻을 것이다. Start-up은 F도 많이 써야 한다는 것이다.

Ma~ Just do it! 마(힘이 느껴지나요?) 닥치고 해보자.

Tip

Start-up 이야기를 했으니, 아이디어를 하나 풀어야 하겠다. Start-up은 아니고 레드오션에서 이길 수 있는 아이디어다. 고객을 중심으로 생각해 보면 아이디어가 나온다. 홈쇼핑에서 주문을 받고 여러 곳(2~3곳)으로 배송을 하는 서비스가 있으면 나 같은 사람은 주문을 할 것 같다. 특히, 음식이나 세제 용품 등은 주문이 증가할 것 같다. 홈쇼핑을 보면 사서 먹는 양이 너무 많다. 그걸 다 먹으려면 질릴 것 같다. 그래서 집사람에게 저렇게 많아서 어떻게 사서 먹나 했더니, 집사람 왈 사서 나누어 먹는 경우도 있다고 한다. 만약에 내가 주문하고 3곳(우리집, 처가집, 본가) 이렇게 홈쇼핑에서 보내준다면 주문이 더 많을 것 같다고 하니 집사람도 동의했다. 형제/자매에게도 보내주고 하면, 받은 쪽에서도 뭔가 사서 보내줄 것 아닌가? 그러면 잠재 고객이 더 늘어나는 것이다. 많은 묶음은 더 많은 곳으로 배송 가능하게 하고, 가격도 적절하게(싸면 더 좋고) 하면 좋을 것 같다.

힘 안들이고 매출 증가하는 방법 아닌가? 누가 이 아이디어를 써먹을 때 그 회사에 주식 투자하게 사전에 귀띔만 해주면 좋겠다.

Chapter 17 상사 혹은 상대방을 설득하려면 최소한 데이터는 가지고 있어라

목소리 큰 놈과 작은 놈이 싸우면 누가 이길까?(말 싸움이다)

선배와 후배가 싸우면 누가 이길까?

삼촌과 조카가 싸우면 누가 이길까?

고참과 신참이 싸우면 누가 이길까?

상사와 한 판 붙으면 누가 이길까?

큰소리도 못치고, 학교/인생 선배이고, 삼촌뻘이고, 회사 업무는 왕고참이 빠꼼이니 뭔 수로 이기나 싶다. 이렇게 뻔한데도 우기는 직원이 물반 고기반이다.

무슨 배짱으로 보고하러 가는지, 무슨 용기로 결제해 달라고 하는지를 정말 모르겠다. 용가리 통뼈를 삶아 먹은 것도 아니고, 근거는 쥐꼬리만큼도 없는 것을 가지고 결론을 딱 내놓고 5천만 원 집행하자고 한다. 그렇게 하면 왜 이익이 나는지 아무런 설명도 없이 이렇게 하면 된단다. 그래서 반려하면 비효율의 정형으로 낙인찍히고, 악덕 상사, 적폐 상사로 낙인찍힌다.

베트남과 태국 인구 누가 많을까? 동남아시아 수출 우선 공략 대상국을 선정하기 위해서 미팅하는데 상사는 태국이 많다고 하고, 담당자는 베트남이 많다고 한다. 담당자는 당연히 검토해 보았으니까 알고 있지만 자기만 알고 있고 자료에는 없다. 숫자도 가물가물 그저 베트남이 많다고만 알고 있다. 상사는 태국의 국토 면적이 베트남 보다 넓다고 알고 있었기에 인구도 많다고 우기고 있다. 이 미팅의 결론은 태국의 인구가 더 많은 걸로 잠정 결론을 냈지만 확인해 보자고 할 것이다. 회의에서의 1차전은 위에서 말한 대로 상사가 Win! 상사는 담당자가 제대로 아는게 없다고 하고, 하지만 담당자는 제대로 알지도 못하면서 직급으로 누른다고 생각할 것이다.

진실은 2016년 기준 태국 68백만 명, 51만 평방킬로미터, 베트남은 96백만 명, 33만 평방킬로미터이다. 담당자가 처음부터 이 2개 나라뿐만 아니라 동남아시아 국가 현황을 1장으로 준비했으면 깔끔하게 끝났을 것이다. 당연히 제대로 일을 하는 담당자로도 인정받았을 것이다.

몇 명이야? 태국보다 많아요.
국토 면적은? 베트남보다 넓어요.
베트남 전기료는? 비싸요(전력 부족)
이런 것은 촉망 받는 사원이 해서는 안 될 답변이고,· 회사 용어도 아니다.

베트남은 96백만 명으로 태국 68백만 명보다 많고 전 세계 15번째로 많은 인구를 보유하고 있으며, 인도차이나반도 일대에서는 인도네시아 2억 6천만 명 다음으로 많습니다. 이렇게 하는 것이 답이고, 자료를 미리 준비해야 한다. 미리 못했다면 미팅할 때 스마트폰으로 통계자료를 즉시 검색해서 진짜 협의할 내용을 협의할 수 있게 해야 한다. 이제 눈치 챘는지 모르겠지만 Data는 업무의 기본 중의 기본이다. 해도 되고 안 해도 되는 일이 절대 아니며, 하면 칭찬 받는 일이 아니라 무조건 당연히 해야 할 일이다.

Data를 분석하면 거의 80%는 결정이 되고, 해야 할 일과 방향, 보완할 점이 나타난다. 전월보다 이번 달 실적이 10% 좋아졌다. 모두 안심하고 좋아 하겠지만, Data를 들여다 보면 A제품는 좋아졌으나, B는 역성장 했고, C는 유지했다. '전월 보다 실적이 좋아 졌네' 라고 말할 때는 시급히 할 일이 보이지 않지만, Data를 들여다 보 분석을 해보니까 B제품 성장 전략 보완 또는 전략 수정이 시급하게 해야 할 일임을 명확히 알 수 있었다.

현장 PM(프로젝트 관리자) 중 마스터를 뽑는 제도가 있었다. 추천이 아니라 모든 PM이 공정한 시험을 통해서 투명하게 선출하도록 제도를 변경하고, 시험을 보았다. 결과를 분석해 보니 기술 부분은 어느 정도 나왔는데, 안전 부문은 점수가 형편없이 나왔다. 그 당시 우리 사업부는 무사고 신기록을 세우고 있는 중이라 안심하고 있었다. 그런데 시험을 보고 점수를 분석하니 안전에 대한 전문 지식이 많이 부족했던 것이었다. 여기서도 바로 무엇을 해야 하는지 새로운 일이 나온다. 그래서 새로 기획해서 안전 전문지식을 높이기 위한 일을 추진했다. 팀원들도 자신들이 부족한 것이 명확하게 나타났기에 호응(?) 속에서 새로운 일을 할 수 있게 되었다.

A드라마가 시청율 1위를 달리고 있다. 기분 좋은 결과다. 하지만 추이를 그려보니 하락하고 있고, 2위와의 격차가 많이 줄어들고 있다. 언제부터 하락세인지 다른 드라마가 재미있어서 인지 우리

드라마 문제인지를 분석할 일이 생기는 것이다.

그래서 Data가 기본이라는 것이고, 상사 또는 상대방을 설득하는 중요한 수단이라는 것이다. 물론 Data가 만능은 아니다. 가끔 Data에 속는 경우도 있지만 Data를 지속적으로 체계적으로 관리 분석한다면 그런 우려는 최소화할 수 있다.

앞으로는 몇 명이야? 하면 '많아요', '적어요'가 아니라 '우리나라는 약 52백만 명이고, 세계 27위에 해당됩니다.'라고 숫자로 대답하자. Just do it!

Data을 잘 정리해서 결론을 유추해서 보고하면, 상사는 대부분 경험이 많아 보완점과 더 좋은 해석을 해서 담당자가 더 나은 결론을 낼 수 있게 도움을 준다.

상사 여러분~ 좋은 피드백. Just do it!

Tip

Data를 잘 다루어야 Data에 속지 않는다. 내가 보고 연습한 책이 있다. 여러분에게도 감히 그런 류의 책을 읽어 보라 권한다. 부디 읽고 "좋다" 그리고 책꽂이에 꽂아 놓지 말고, 그 책에 나오는 대로 따라서 해보고, 실무에도 적용해 보시길 바란다. Just do it!

"Say it with charts" 한글 제목은 "차트로 말하라" 저자는 "진 젤라즈니" 출판사는 "씨앗을 뿌리는 사람"이다.

Chapter 18 관조, 한 발짝 떨어져서 보자

사전적 의미는 "고요한 마음으로 사물이나 현상을 관찰하거나 비추어 봄." 나는 한걸음 물러서서 보기, 전체를 찬찬히 보기. 불교에서는 "참된 지혜의 힘으로 사물이나 이치를 통찰함"이라고 한다. 왜 관조를 이야기하나 바쁜 회사 일에 정신이 하나도 없는데... 그래서 관조(觀照)다.

일에 치이지 않고, 일을 끌고 갈 수 있는 방법, 풀리지 않는 일에 대한 해결사, 실마리가 나오지 않을 때, 자꾸 엉뚱한 곳을 파고 있을 때, 관조적 접근을 해 보자. 자신이 하고 있는 일, 한 일, 해야 할 일을 관조해 보자. 답이 보일 것이다. 사물이나 이치를 통달함. 가야 할 방향이 또는 실마리가 나타날 것이다.

아주 쉬운 예로 누구나 공감할 수 있는 것은 오타이다. 자신이 그렇게 검토해도 보이지 않았던 오타가 상사의 책상에 내려놓으면서 눈에 대문짝만하게 보이는 것은 관조까지는 아니더라도 내 손을 떠나면서 객관적인 것이 되었기 때문이다. 사전에 관조했다면 당연히 찾아내었을 것을... 여기 관조를 쓰기에는 그렇지만 이해를 쉽게 돕기 위해서 사용한다.

관조를 하면 이치를 알게 되어 일을 단순하게 만들 수 있어 일이 쉬워진다. 자동차 회사에서 사업성을 검토하기 위해서 다양한 시도를 하던 중 선배 한 분이 엑셀을 몇 개의 시트를 사용하여 수식을 만들어 내었다. 그 양이 어마어마해서 다시 하라고 하면 못할 것 같았다. 그것을 받아 들고 하루 밤을 세며 검토해 보았다. 처음 알아낸 것이 사칙연산만 곱게 썼다는 것이다. 그래서 변수 2~3개만 넣으면 되는 한 줄 공식으로 축약 시켰다. 그 공식을 가지고 수십 번을 검증했는데 동일한 결과가 나왔다. 선배의 것을 사용하면 복잡해서 실수가 있을 수 있지만, 내가 축약한 것은 실수가 없을 정도 간략한 것이다. 관조를 했기 때문이다. 많은 수식과 복잡성이 중요한 것이 아니라 쉽고 빠르게 결과를 얻는 방법을 찾아내는 것이다. 엑셀 속으로 들어가지 않고 한걸음 물러서서 엑셀을 바라보았기에 가능한 것이었다. 카메라 장애 처리 매뉴얼을 만들 때도 같은 일을 경험한다. 대규모 카메라 시스템이라 장애도 많고 그것을 처리하는 것도 일일이 개발부서에서 현장에 가야 했기에 웬만한 것은 현장에서 처리할 수 있도록 만들라고 지시했다. 담당자는 납기가 지연이 되어도 만족할 만한 결과를 내놓지 못하고 있었다. 그래서 담당자와 같이 협의해 보니, 담당자는 장애의 바다에 풍덩 빠져서 허우적(?)거리고 있고, 간신히 수습을 한 것도 현장에서는 사용하기가 어려운 그야말로 우리도 매뉴얼은 있다고 주장할 수준이다. 현장에서는 한번도 보지 않을 어렵고 복잡한 수준이 있었다. 매뉴얼이 필요한 사람은 숙련자 보다는 신입사원, 전입사원 또는 우리 시스템이 낯선 경력 사원일 것이다. 그래서 쉽게 만들어져야 한다.

그 많은 현상을 일일이 조사하는 것도, 그것을 조치한 이력을 찾아다니는 것도, 그것을 일목요연하게 정리하는 것도 어려운 일이 아닐 수 없었다. 놀지 않고 열심히 일했는데, 너무 열심히 일을 해서 업무를 관조하지 못한 실수를 범했던 것이다. 담당자와 같이 관조를 해보았더니 장애가 4개로 좁혀진다. 화면이 안 나오고 저장은 되는 것, 화면이 안 나오고 저장도 안되는 것, 화면이 나오고 저장은 안되는 것, 화면이 나오는데 느리거나, 화질이 안 좋은 것이다. 그 이외에는 양적인 것이다. 카메라 1대만 아니면 전부, 몇 대만 등이다. 거기에 따라 가장 먼저 확인해야 하는 것이 달라질 수밖에 없어 아주 쉽게 문제 해결 트리가 만들어 진다.

만들어진 매뉴얼을 보고 신입사원들에게 보여주니 활용도가 높다고 하고 고객 요청으로 제공을 했더니 잘 만들었다고 한다.

막 엉켜 있는 실타래에 머리를 박고 있으면 실타래를 풀 수 있는 실마리를 찾을 수 있을까? 절대 찾을 수 없다. 범행 현장은 면밀히 전문적으로 철저히 조사를 한다. 나중에 좀 더 객관적인 상태에서 다시 현장에 갔을 때 새로운 단서를 찾는 확률이 높다.

카메라의 경우 만드는 사람 입장이 아닌 있는 그대로만 볼 수 있는 사용자 입장에서 보는 것이 관조의 첫 걸음이다.

업무를 하다가 한걸음 물러서서 관조, 여유, 이치를 통찰, Just do it!

그냥 한걸음 물러서서 보아라. 편한 마음으로 먼 발치에서 놀이터에서 놀고 있는 아이들을 보듯이, 툇마루에 앉아서 마당에 강아지들이 서로 장난질 치면서 놀고 있는 것을 무심히 편안하게 보듯이. Just do it! 어렵지 않다?

Tip

그저 아무 생각 없이 있는 그대로를 찬찬히 바라보기.

운길산 수종사에 올라가서 스님이 마련한 차 한 잔을 음미하면서 다실의 창 넘어 두물머리를 바라보자.

설악산을 올라 보자. 소청에서 잠시 쉬며 설악의 운해를 보자. 보이는 그대로가 설악이다.

일을 아무 사념 없이 남 일 보듯이 처음부터 끝까지 보라. 다 내려놓고 보면 무엇을 보완할 지, 왜 보완해야 할지를 알 수 있다. 중요한 일을 하고 있다면 3번은 해 보자.

내가 보기에 알파고는 알파고이기에 자기가 두는 바둑을 관조할 수 있다. 수읽기는 할망정, 사심에 승부욕에 흔들리는 일은 없을 것이다. 마치 훈수 두듯이 바둑을 두는 것이다.

Chapter 19 불후의 콘텐츠를 담자

제목이 거창하다. 불후의 콘텐츠, 역사에 기리 남을, 인생 샷 뭐 그런 거다. 콘텐츠란 무엇일까? 사전에는 "논문 · 연설 · 예술 등이 표현하는 내용"이라고 되어 있다. 미디어의 내용물을 뜻한다. 회사에서는 일 하는 스타일, 해온 일의 결과물 이 정도로 보자.

한 때 엄청 인기가 있었던 SBS의 시트콤 "순풍산부인과"에서 여고생 딸로 연기한 송혜교 보다 "가을동화" 혹은 최근 작품인 "태양의 후예"에 출연한 월드스타 송혜교를 더 많이 알고 있을 것이다. 지금의 송혜교를 만든 콘텐츠는 "가을동화"이다. 송혜교의 위상이 어떻게 바뀌었을까? "대장금"이라는 콘텐츠를 담은 이영애와 그 전의 이영애, 산소 같은 여자와 월드스타, "엽기적인 그녀"를 품은 전지현과 그 전의 전지현 등이 있다. 그 콘텐츠를 담기 전이나 품은 후에나 똑같이 아름답고, 건강하고, 세련되었다. 키가 더 큰 것도 아니고 더 날씬해진 것도 아니다. 외형은 거의 같다. 다른 것은 어떤 콘텐츠를 담았는가에 따라 사람이 달라진다.

좋은 콘텐츠를 잘 소화해서 걸작을 만들었을 때, 완전히 다른 사람이 되어 있는 것이다. 월드 스타 누구 누구처럼 말이다.

어떤 콘텐츠를 담을 것인가? 나의 회사 생활을 관통하는 주제는 지속적인 개선이었다. 지금도 그렇게 생각한다. 세상은 항상 변하고 있다. 그게 진리다. 세상이 변하고 시장이 변하고 있는데, 우리도 당연히 변해야 하지 않겠는가. 변하되 좋게 변하자는 것이 개선이다. 항상 변하니까 지속적인 개선인 것이다. 이것이 멈추면 회사도 멈추고, 월급도 멈춘다. 외우자! 진리이다.

콘텐츠는 새로운 것을 창조하는 것도 있지만, 더 쉽게, 더 좋게, 더 편하게 개선하는 것도 널려 있다. 예전에는 주판 밖에 없었지만 지금은 IT기기 그 이상의 것이 있고, 또 계속해서 뭔가가 나올 것이다. 그것을 활용해서 지속적으로 개선 활동을 하자. 일거리는 무수히 많다. 안해서 없는 것이다.

불후의 콘텐츠가 쉽게 오는 것은 물론 아니다. 준비된 사람이 수많은 도전을 할 때 만날 수 있는 것이다. 운이 좋아서 배역을 맡았다고 말들을 하지만 우연은 없다. 배우의 역량과 콘텐츠가 맞았기 때문에 캐스팅이 된 것이다. 영화배우들은 하나의 배역을 따내기 위해 무수한 오디션을 보고 다닌다. 1년에 수십 번을 도전하고, 그러면서 역량을 갈고 닦는 것이다. 불후의 콘텐츠가 왔는데 그것을 알아보지 못하고, 받아들이지 못하고, 소화하지 못하면 불후의 콘텐츠는 저 멀리 가는 거다. 제일 슬픈 것은 도전조차도 하지 못하는 깜냥이다. 지속적으로 역량을 닦으며, 끊임없이 도전하면 불후의 콘텐츠를 만나게 될 것이다.

워라밸 시대을 제대로 즐기려면 언제든지 일을 할 수 있는 역량이 있어야 한다. 항상 준비되어 있어야 좋은 콘텐트도 만나고, 만난 콘텐츠를 잘 살릴 수 있다. 개개인의 역량이 점점 더 중요해지는 시기이다.

Tip

신입사원 때 운이 좋게 확실한 콘텐츠 담았다. 회사에 통계적 공정관리 전산화를 처음 도입하여 정착시켰다. 그 후로 관련 일이 있으면 항상 거론되고 같이 일을 하게 된다.

자동차회사 때에는 시장조사를 분석하면서 다양한 아이디어를 도출하고, 많은 부분을 실행했다. 아이디어맨, 탱크 등의 별명이 붙여졌다. 한동안 아이디어맨으로 불리었고, 게임회사에서 가서 게임 기획도 하게 되었다.

신입사원 때 했던 품질업무를 서비스회사에서 임원이 되어 품질 업무를 하면서 품질하면 내가 생각나게 확실하게 콘텐츠를 구축했다. 그 후 현장부서로 옮겨 현장 품질도 확실하게 개선시켰다.

어떤 업무가 주어졌을 때 인생 캐릭터를 만들어라. 그렇게 만들어진 콘텐츠는 당신의 평생 경쟁력이 될 것이다.

뭔가 일을 20년간 했는데 그 사람이 무엇을 잘하는지 무슨 경쟁력이 있는지 아무도 모른다면 좋은 소리를 못 듣게 될 것이다. "아 그 사람 성실하지", "착하지, 인간관계 좋고"란 말만 듣게 된다. 그래서 그 사람에게 어떤 일을 시키면 좋은지 어떤 기회를 주면 좋은지를 고민하게 된다. 사람은 참 좋은데...

노파심에서 다시 한번 잔소리를 해본다. Say it with charts를 꼭

체득해서 실전에 많이 써 보라. 사고 능력을 키워 줄 것이고, 남들은 무심코 지나가는 진짜 일거리를 찾을 수 있을 것이다.

본인이 혹은 다른 동료가 정리한 Data를 "Say it with charts"를 가지고 다시 정리 해보라. 일단 시작하자!

Chapter 20 낭중지추(囊中之錐)

주머니 속의 송곳이다. 무협지에도 많이 나오는 말이다. 절대 무공을 감춘 주인공은 아무리 숨기려 해도 강호에서 알아본다는 말이다. 잘난 놈은 무엇을 해도 결국 잘난 것이 알려지게 되니 조급해 하지 말고 자기 할 일을 하라는 뜻이다. 자기는 기획실에서 일해서 드라마에서와 같이 실장님 소리를 듣고 싶은데, 한직에 있으니 한심하다고 투덜대며 한직에서도 한심하게 일을 한다면 언제 기획실 실장님 소리를 듣나? 어림도 없다.

내가 경험한 대부분의 사원(일부 간부도)은 본사 근무를 선호하고, 현장에 가서 현장 근무를 해보아야 더 큰 일을 할 수 있다고 이야기하면 현장 가는 것을 두려워하거나 꺼려하는 것을 본 적이 있다. 자신에게 자신이 없는 것인지 아니면 낭중지추라는 말을 모르는 것 같다. 현장에 있어도 잘하고 있다면 본사 근무가 어렵지 않다. 그런 자신의 역량을 묵묵히 보여주기만 하면 된다. 줄 서 봐야 한방에 날아간다. 줄 댄 사람이 영원히 회사 다니는 것도 아니고, 그런 안목에 줄을 잘 댈 것 같지도 않고 말이다.

나의 지론은 본사에서 일하는 사람의 역량은 남과 다른 데가 있어야 한다는 것이다. 현장 인력은 개인 역량이나 같이 일하는 동료와 관계가 중요하지만, 본사에서 일하는 사람은 회사 전체 평균 역량을 개선 시켜야 하는 일을 주로 해야 한다고 본다. 따라서 본사에서 제대로 일을 하려면 현장 업무는 필수조건인데 현장 가면 못 올까 두려워 현장 가기를 두려워한다면, 자질 부족으로 본사에 있어도 남들 "몸빵" 신세가 될 것이다. 몸빵이란 낮은 고과 받아주고, 굳은 일 도맡아 하는 사람을 말하는 것이다. 나는 현장과 본사, 생산과 영업, 관리 등을 수시로 옮겨 다니면서 직장인에게 필요한 역량을 잘 쌓았다고 생각한다. 현장에 가 있어도 본인만 잘 하고 역량을 갖추고 있으면, 원하는 곳에서 근무할 수 있다. 아니, 같이 일하자고 제안이 들어온다. 낭중지추! 잊지 말자!

사전적 의미는 주머니 속의 송곳이라는 뜻으로, 재능이 뛰어난 사람은 숨어 있어도 저절로 남의 눈에 띄게 됨을 이르는 말이다.

역량을 키워라. 어느 곳에서도 눈에 띄게 될 것 이므로. 닥치고 실행이다!

일에 임하면 탈영이출(脫穎而出, 자신의 재능을 전부 드러냄) 하시길 바란다.

Tip

탈영이출은 '재능이 나타나다'이다. 자신의 재능을 나타내기 위해서 중요한 것은 항상 소통하고, 새로운 것을 잘 받아 들여서 자기의 것과 융합하여 새로운 것을 만들어 내는 역량이 있어야 한다고 본다. 위와 같이 하려면 새로운 것을 받 아들이고 받아들인 것을 자기가 가지고 있는 것과 비교, 조합을 자동으로 할 수 있도록 훈련을 해야 한다. 선천적인 사람도 있겠지만 훈련을 통해서 가능하다고 믿고 있다.

일단, 다른 것과 잘 어울리려면 자기 자신이 "여기상태"가 되어 있어야 한다. 여기상태란 화학 용어로 들뜬 상태 라고도 한다. 원자의 전자들이 여기상태에 있어야 다른 원자와 강력한 공유결합을 할 수 있다. 그렇게 만들어지는 것이 다이아몬드다. 클럽에 가도 굳어가지고 앉아 있는 사람보다 클럽 분위기에 잘 어울리는 들뜬상태에 있는 사람이 더 재미있게 즐기고, 이성과도 잘 어울리는 것과 같은 이치다.

본인의 사고를 여기상태로 만드는 훈련을 책을 통해서 했었다. 고등학교 때 수학선생님이 책을 읽는 방법을 이야기해 주셨는데 나름 따라서 실천하다 보니 자연스럽게 사고의 여기상태를 만들 수 있었다. 그 방법은 책을 읽는 것이 아니라 지은이와 대화를 하는 방식이다. 지은이가 써 놓은 글을 눈으로 읽기만 하는 것이 아니라 왜 그렇게 했을까, 나는 이렇게 할 텐데, 다음은 이렇게 될 거야 등등 끊임없이 대화를 시도해 본다. 경우에 따라서는 지은이의 의도와 전혀 다른 것을 얻어 갈 때도 있다.

글을 읽다가 글에서 현재 나의 업무나 일과 관련된 대화를 시도하고, 명상 혹은 관조할 경우도 있고, 새로운 아이디어를 얻을 때도 있다. 어떤 경우에는 십여 페이지를 내용도 모른 체 넘긴 적이 있다. 다시 읽으면 된다. 하지만 나는 그 십여 페이지가 넘어가는 동안 아주 중요한 대화를 했던 것이다. 관념의 세계에서 무엇인가를 얻었거나, 벽을 넘거나 여하튼 아주 좋은 경험이 된다. 독서량과 경험이 많아질수록 여기상태는 더 많은 조합과 더 많은 아이디어를 창출해 준다. Exciting 하지 않은가?

여기상태는 Excited state이다. Exciting life를 살아 보자.

Chapter 21 돈 되는 자격증 부터

업무 관련 자격증을 취득하면 수당을 지급하는 규정은 대부분의 회사가 가지고 있다. 그렇지 못한 경우도 간혹 있겠지만 회사에서 개인이 자격증을 취득했다고 수당을 지급한다면 회사에 도움이 되는 자격증이기 때문일 것이다. 법적으로 필요한 것, 영업에 필요한 것, 역량에 필요한 것 등 일 것이다. 다양한 필요성과 희귀성을 감안해서 회사에서는 수당을 지급할 것이다. 취득 축하금이나 매월 지급하는 수당 등으로 구분할 수 있다.

여러분은 어떻게 할 것인가? 자기 전공, 업무와 관련된 자격증을 취득해야 할 것이다. 어떤 것부터 취득하나? 수당을 제일 많이 주는 것부터 취득하는 것이 당연한 것인데, 경력이 필요하고, 하급 자격증이 필요하고 그렇다.

회사에서 주는 수당이 가장 많은 자격증을 취득해야 하지만 자격조건이 필요한 자격증은 장기 계획을 세워서 준비하자. 그 동안에는 당장 취득할 수 있는 자격증(수당 받을 수 있는 것)도 취득하자. 그런 것부터 가볍게 취득하라. 수당을 별도 경비 통장으로 받아서 목돈 만들어 해외여행 가자고 해봐라. 가족이 얼마나 좋아하고 존경하겠는가! 즉시 실행에 옮겨야 한다.

자기 업무와 관련된 자격증이기 때문에 공부를 하면 업무 역량을 체계화할 수 있고, 최신 경향을 배울 수 있다. 이것도 1석 3조다. 인사팀에 물어 보고 준비해서 취득하자. 돈 안되는(수당없는) 외국어 공부도 열심히 하는 판국에 자기 역량 강화에 신경을 많이 쓰자. 닥공이다(닥치고 공부하자).

이런 경험이 있다. 현장에서 아주 실력 있고, 고객들에게도 평판이 좋고 실제로 업무 처리도 잘하는 직원이라서 경영층에 어필하려고 문서로 작성하다 보니 관련 필수 자격증이 초급을 보유한 상태이었다. 이런 경우 참 어렵다. 잘한다고 큰 규모 사업에 투입 하려는데 필수가 중급이상 이란다. 이럴 때 진짜 난감하다.

난감하게 만들지 말고 자격증 땁시다. 미리 미리!

Tip

돈 안되는 자격증도 필수 자격증인 어학 자격증은 꼭 취득하자. 좋은 기회가 있어 추천을 하려고 하는데 필수 자격증이 없어서 추천 기회을 타부서에 빼길 때는 참 갑갑하다. 지금은 글로벌 시대라 외국에서 교육 받거나 행사에 참석할 경우가 많은데 외국어가 안되서 못가는 당신, 추천할 수 없는 상사, 서로 난감하다.

외국어 관련 에피소드를 하나 소개한다. 미국에 출장 갈 기회가 있어 담당자와 준비하는데 출장 경비에 통역사 비용이 있어서, 뭐냐고 물어보니 통역사가 있어야 업무를 실수 없이 볼 수가 있다고 한다. 나는 통역사는 필요 없다고 했다. 정말 완벽한 통역사가 아닌

이상 업무에는 별도 도움이 안되는 경험이 있었기 때문이다. 통역사를 빼고 우리끼리 간다고 하니 난색을 표하길래 선택권을 주었다. 통역 없이 갔다 오던지, 통역 데리고 갔다 온 다음에 미국 파트너 창구 업무에서 빠지던지 하라고 했다. 통역을 계속 쓸 수 없지 않은가, 통역 없이 혼자서 할 수 있는 사람이 필요한 것이다. 담당자는 영어 자격증이 있었다. 당연히 통역 없이 갔다 오겠다고 해서 진짜 Communication이 뭔지를 이야기해 주었다. (11장. 심플 is 베스트 참조)

그리고 출장 전에 중요한 안건에 대해서는 미리 질문지를 완벽하게 만들어 가서 전날 연습하고 미팅하자고 했다. 미국 도착 후 다음날 미팅 안건과 미리 준비하라고 했던 질문지를 보자고 했다. 한글로 잘 써 왔다. 한글이라도 정리해 왔으니 대충 영어로 해보고 미팅을 했다.

출장 기간 동안 3일의 미팅을 통해서 우리가 알고자 했던 것은 다 알 수가 있었고, 우리가 개런티 할 금액의 약 90%를 깍았다. 그 담당자는 그 후로 미국 파트너와의 소통 창구가 되어 업무 수행을 잘 해냈다. 할만하니까 시키는 것이다. 기본 자격증만 있으면 다 할 수 있다. 완성도는 하면서 높이자.

Chapter 22 절실함은 진위를 구별한다

절실함은 어디에서 나올까? 고과, 승진, 부 등이 절실함을 부를까? "그럴 수 있다"라고 생각한다. 나는 절실함은 자신 속에 있는 것이 아닐까라는 생각이 든다. 이 아이디어를 적용시키겠다, 이번 기획(안)은 꼭 실행해서 마무리까지 해 보고 싶다. 이런 것들이 절실함을 부른다고 믿고 있다. 더불어 그것이 회사에 이익이 된다는 확신(근거 있는)이 있다면 더욱 좋다.

절실함은 어떤 업무의 진위를 구분한다. 안 해도 되는 것, 굳이 지금하지 않아도 되는 것 등을 알게 해준다. 참 어려운 과제이지만 잘 지원해서 실행이 될 수 있게 해야 할 것을 알게 해 준다. 절실함은 반짝이는 것이 아니라 과정이다. 평소에도 묻어난다. 절실한 사람을 만나 보면 그냥 알게 된다.

절실함과는 상관이 없는지 모르겠지만, 꿈속에 그 일이 나온다면 우리는 그것을 미쳤다고 하는데, 미친놈에게 절실함을 느끼는 것은 과장 일까? 학생 때와 회사 다니면서 몇 번을 꿈을 꾼 적이 있다. 매일매일 생각하고 고민하지 않으면 결코 꿈에 나타날 수가 없다. 가끔 상사가 나타나서 경기(驚氣)를 일으키는 것과는 다르다.

좀 더 쉬운, 현실적인 일을 이야기해 보겠다. 업무는 혼자서 하는 것이 아니라 관련부서와도 협조해서 일을 해 나가야 한다. 일을 하다 보면 우리와 관련부서가 모두 조금씩 실수를 해서 일을 제대로 되지 않고 있을 경우가 있다. 이 때 대부분은 상대방을 탓 하고 상대방에서 해결해야 한다고 하면서 자기들은 살아보려고 하는 경우가 종종 있다. 그럼 관련부서에서는 선뜻 수정할까? 천만에 말씀이다. 우리와 똑 같이 버틴다. 여기서 절실함은 어디 있는 것일까? 이 일에는 없는 것 같다. 일에 절실함이 없으니 일이 잘 풀리지 않고 지지부진해 진다. 각자 나름의 논리도 구축하고, 서로 일이 안되도 살 방법만 찾고 있다. 절실하게 자기만 살겠다고 하는 절실함이 엉뚱한 곳에서 나오는 것이다. 망조다.

나는 같이 죽자고 한다. 이순신장군도 아닌데 무슨 필사즉생(必死卽生)이라고 생각하겠지만, 나도 잘못이 있어 문제가 있지만 지금이라도 제대로 일을 해보자고 관련부서에게 제안하면 거의 100%가 일은 잘 마무리가 되었다. 안 해주면 같이 죽자고 덤벼드는데 안 해 줄 동료는 거의 없다. 왜냐하면, 조목조목 내 실수부터 정리하고 관련부서 것도 아주 잘 정리해서 시시비비를 가리자고 하면, 일도 잘 되지 않고 있는데 여차하면 다칠 것을 알고 있으니까 잘 마무리 하려고 한다. 더 중요한 것은 일을 제대로 마무리 하면 조그만 실수는 사례로만 남게 되고, 일이 제대로 마무리가 되었는데 누가 죽겠는가? 다 잘 사는 것이지. 다만, 후배를 위해서 실수 사례를 정리해두면 된다.

절실함은 살 길을 찾는 데에는 없다. 절심함의 대명사 "생즉필사"요 "사즉필생"이라, 업무를 해내겠다는 자신과 약속에 절심함이 있어야 한다. 리더들은 직원에게 절심함을 강요하거나 구걸하지 마라, 스스로 절실함이 나올 수 있게 만들어 주어라. 지원하고 솔선수범하고 무기도 많이 주면서 절실함을 느끼게 해주어야 진정한 리더라 할 수 있 않은가!

자기만 살자고 하면 죽는다. 일도 죽고, 사람도 죽고...

죽겠다고 덤벼들면 일도 살고, 사람도 산다. Just do it!

Tip

"조나단 리빙스턴 시걸"이라는 갈매기를 아는가? 이 갈매기가 특이한데 다른 갈매기처럼 그냥 날아다니면 될 텐데, 굳이 높이 멋지게 날아 보겠다고 각종 비행술을 익히기 시작한다. 못 날으면 잡아 먹힌다거나, 먹이 활동을 못해서 굶어 죽을까 절실하게 하는 것이 아니다. 이미 잘 날고 있다. 도대체 어디에 절심함이 있을까? 자신 속에 그 절심함이 있는 것이다. 더 높이 더 멋지게 날 것 중에 가장 멋진 비행하겠다는 절실함이 조나단 리빙스턴 시걸을 신의 경지에 까지 도달하게 한다. 이쯤 되면 사서 읽어 보시라. "갈매기의 꿈, 조나단 리빙스턴 시걸"

Chapter 23 실패는 성공의 어머니다?

실패하면 골로 간다. 운이 좋아서 살아남아 성공할 수 있는 경우도 있지만 쉽지 않다. 어머니가 자식을 두면 그 자식들이 다 잘 사나? 잘 사는 놈도 있지만 사고치는 놈도 있고, 얹혀사는 놈도 있다. 실패는 성공의 어머니일지라도 낳는 놈 전부가 성공은 아니다란 말이다. 만일 모두 성공한다면 일단 실패부터 하면 성공하지 않겠는가?

이렇게 이야기 하니까 실패하지 않으려고 용을 쓴다. 실패인데 실패가 아닌 것처럼 위장하고 축소하고 어떻게 하던지 살아남으려고 한다. 잠깐 연명할지는 몰라도 성공하고는 먼 것이다. 그렇게 하니까 실패를 해도 성공한 아들을 낳지 못하는 것이다. 지지리 궁상 속에서 어떻게 성공이 나오겠는가? 상식적으로 생각해 보라.

실패도 제대로 해야 무엇을 잘못했는지 깨닫고, 성공할 수 있는 노하우를 쌓을 수 있는 것이다. 자기 자신을 속이고 어떻게 성공할 수 있겠는가? 자신의 실패 원인을 남겨 놓으면 후배는 그것을 바탕으로 진일보하여 성공에 한걸음 다가 갈 수 있지 않은가? “축적의 시간”에서 수많은 실패로 온몸에 상처를 입은 사람들이 개념 설계 전문가가 된다고 한다. 실패를 거름 삼아 또 한걸음 성공에 다가서는 것이다.

사후확신 편향이라는 것이 있는데 사건의 결과를 보고 나서 자신이 처음부터 이 결과를 예측했던 것처럼 믿는 경향을 말한다. 이러한 편향은 과거의 의사결정 과정을 정확하게 평가할 수 없어 실패로 부터 뭔가를 배울 수가 없는 것이다.[7)]

실패가 훌륭한 어머니가 되기 위해서는 용감하게 실패 하자. 멋있게 실패 하자. 회사에 입사해서 퇴사할 때 까지 들었던 소리가 실패를 두려워하지 말고 일을 해달라는 것인데, 실패가 두려워서 왜곡시키려 하니 성공을 잉태할 수 있는 실패를 못하는 것이고, 그런 실패는 골로 간다는 말이다.

제대로 된 실패를 위해서 도입 배경과 근거, 의사결정 근거와 과정 등을 소홀히 하지 말고 기록에 다 남겨서 자산화 해야 한다. 또한 이 모든 것이 투명하게 소통이 되고 어떤 협의를 거쳤는지 어떤 부분에서 의사결정이 잘못되었는지 냉정하게 정리를 해야 한다.

50이 넘어서 신규 사업을 진행 했었는데, 결국은 사업을 접게 되었다. 그 사업을 통해서 시장 혹은 고객의 지불 의사 결정에 중요하게 관여하는 것 중에 그 상품 혹은 서비스가 공정한 것인가에 대한 평가가 선행된다는 것을 새삼 배우게 되었다. 참 좋은 서비스인데, 참 좋은 상품이고 아이디어가 좋은데 고객은 그것이 공정하지 못하다고 느끼면 구입 의사가 없다는 것을 배웠다. 이러한 것을 통해서 고객 Needs를 탐구할 때, 고객이 공정성을 논할 수 없는 기대

7) 바루크 피쇼프의 논문 "나는 그 일이 일어날 줄 알았다"에서 인용

이상의 것에는 기꺼이 지불한다는 것을 고려하게 되었다. 쉽게 말하면 가성비, 가심비 그런 것이다.

회사에서도 실패한 프로젝트나 사업을 정리를 하기는 하지만 충분한 토론(난상토론 선호)을 통해서 숨어 있는 실패 요인을 찾아내서 그것을 방지할 수 있는 제도나 방안을 만들어서 교육, 해보고, 점검, 보완/교정, 실행(SOP)해야 한다.

실패한 것에 대해서 정리를 했지만 입장에 따라서 불만을 토로하는 사람도 있고, 외면하는 사람도 있으며, 일부 동의하는 사람이 있다면 실패를 자산화 하는 과정이 잘못되어 있거나, 관련자 전부가 충분한 토론이 없었거나, 미봉을 했다면 성공을 잉태하는 실패가 될 수 없을 것이다.

문책보다는 실패의 숨겨진 원인을 찾는데 주력해야 할 것이다. 우리 직원들은 투명하고 체계적으로 근거를 바탕으로 일을 진행시켜야 할 것이다. 화학 실험을 하는데 비커에 무엇을 몇 cc, 어떻게 넣었는데 터졌다. 이런 것이 기록되어 있어야 하는데, 무엇을 얼마나 넣었는지를 모르고 터졌다면 실패를 낳는 실패를 한 것이다. 웃지 마라 그렇게 일하는 직원 겁나 많다. 위대한 메모는 비커에 적은 메모가 많다.

실패에서 배우려면 뭔가 보고 배울 것을 진짜 팩트(fact)를 남겨라. 초등학교 5학년생도 알 수 있게.

Tip

고객은 왕이다. 의심스럽다면 밑을 보아라. 그래도 고객은 왕이다. 아주 유명한 말이다.

그래서 그런지 시공을 담당한 직원들은 고객이 무엇을 해달라고 하면 척척 잘 해드린다. 고객만족이니까. 고객이 만족했으니 나중에 고객에게 돈 달라고 했더니, 무상 서비스로 해준 것 아니냐면 돈을 안준다. 사전에 그 일에 대한 댓가가 얼마라는 것을 이야기하지 않았고, 특히 문서로 받은 것이 없어 결국 돈을 못 받았다. 천금 같은 돈을 날린 것이다.

그 담당자는 회사에 들어 온지 2년 정도인 신입사원 수준이었다. 신입사원이었다는 것이 중요한 것이 아니라 누구도 추가 오더는 문서로 서명을 받고 일을 진행해야 한다는 것을 알려주지 않은 것이다.

몇몇에게 물어 보았더니 그런 것이 반복이 되었었고, 현장 업무 중 상당한 비중을 차지하는 진짜 현장 업무였다. 어떻게 해야 하는지를 정리를 하고, 프로세스를 만들고, 교육시키고, 점검하고, 보완할 것은 보완하고 매뉴얼화해서 시행하면서 지속적으로 모니터링을 했다.

실패를 통해서 배운 것으로 적어도 실패를 반복하게 하지 않았고, 추가 오더가 증가되는 작은 성공도 있었다. 고객에게 돈을 요구하려니까 전문가다운 조언과 제안이 있어야 하고 이런 것이 반복되니 고객이 원하는 것을 탐구하고, 새로운 솔루션을 찾게 되는 등 순순환이 작동되게 되는 것이다. 성공을 잉태할 수 있는 실패를 하라. 골로 가지 말고...

Chapter 24 부정할 것인가, 개정할 것인가? (틈=개선 일거리)

회사 생활에서 주의해야 할 것 중 하나가 부정이다. 부정은 한 방에 훅 간다. 성추행과 동급이다. 걸리면 한 방이다. 그런데 자기도 모르는 사이에 점점 과감해 져서 부정한 일을 죄의식 없이 하게 된다. 슬픈 일이다. 어떤 경우에는 최선을 다해 일을 했는데, 부정한 일이 되는 경우도 많다. 정신 바짝 차려야 한다.

사무용품 사면서 예쁜 볼펜, 머리 핀 하나 더 사는 것부터 해서, 마땅한 처리 방법이 없어서 고객에게 주는 것, 그냥 창고에 보관하고 있는 것, 기록에 남지 않는 틈 또는 허점(회사에는 의외로 많다)을 알고 이것을 악용하여 부정을 일삼는(?) 것까지 참으로 많다.

그런데 이런 것이 여러분의 일거리, 그것도 개선에서 업무 효율을 높여주는 일거리라는 것을 아시는지 모르겠다. 일반적으로 이런 틈이나 허점을 이용하여 부정하는 경우는 일을 잘하거나, 그 일을 많이 해본 사람이거나, 그 회사의 프로세스나 업무 규정이 허술한 것을 잘 아는 사람에게서 많이 발생된다. 이런 일들은 작정하고 들춰 봐야 알 수 있는 경우가 많다. 하지만 계속하면 다 들통 나게 되어 있다. 그게 회사 일이다.

뇌물을 먹여 나에게 협조할 수밖에 없게 만드는 것은 아주 작은 것부터 시작된다. 커피 한잔, 김치찌게 점심, 3~5만 원짜리 점심, 14K 볼펜, 술값 내어주기, 봉투 이런 식이다. 안 걸릴 것 같나?

'존 그리샴'이라고 미국의 변호사 겸 유명한 소설가 인데 그의 작품 중 "The Firm"이라는 책이 있다. 영화로는 톰 크루즈가 주연한 "야망의 함정"이다. 가난하지만 똑똑한 법학도를 법률회사에서 뽑아 좋은 집, 좋은 차, 가든파티, 요트 파티 등으로 이런 세상도 있구나 하게 만든다. 아름다운 인생이에요! 그러다가 주인공을 출장 보내고 출장지에서 술을 먹었는데 정신 차리고 보니, 모르는 여자가 침대에 누워 있고, 뭔 일이래 하고 출장 복귀했는데, 어느 날 검은 돈을 세탁하고 세금을 가로채는 업무를 요구한다. 당연히 싫다고 하자, 회사를 그만두면 지금 누리는 생활을 못하게 될 것이라고 설득하지만 쉽게 받아들이지 않자 출장지의 여자와 같이 있는 사진을 보여 준다. 결국 FBI의 도움으로 현명하게 헤쳐 나가게 되지만 뇌물의 속성을 잘 보여주는 책이다. 거부하다 없어지는 사람들은 죽임을 당하고 바다에 버려지고, 미망인은 당분간만 보살펴 주는데, 우리나라에서 번역된 책이름은 "그래서 그들은 바다로 갔다"인 것 같다.

어머니 생신 때도 한정식 2만 원 수준의 코스를 먹는 사람이 있다. 그 사람이 협력사가 사준다고 3만 원, 5만 원짜리 점심을 먹는다면 순수하다고 할 수 없다는 것이 내 생각이다. 다 가시가 되어 돌아온다. 공짜는 없다. 10만 원짜리 큰 화분은 안 되고, 3천 원짜리 작은 예쁜 선인장은 된다.(?) 바보 아닌가? 위에서 그렇게 설명했는데 1 원짜리도 안 된다. 정이 없고, 사람 사는게 그런 게 아니다 라고 한다. 흔한 레퍼토리이다. 흘려들어라. 나중에 그렇게 하다 회사 그만 두면 그 사람이 챙겨주나?

정 많이 주고, 사람답게 사는 모습을 보여주는 방법이 있다. 사양하는데도 선물을 굳이 주려고 하면 회사에 신고해야 한다고 이야기하자. 회사에서는 그것을 불우 이웃 돕는데 사용할 것이라고 전달하고, 좋은 일에 보태 주셔서 감사하다고 했음에도 굳이 주면 받아서 회사에 주면 된다. 이쯤에서 부정(不正)에 대해서 마무리 하고 개정을 이야기하자. 통계는 없지만 내가 동물적 감각(?)으로 만든 숫자이다. 부정한 일을 할 수 있게 유혹하는 틈(허점)을 알면서도 개선하지 않고 그렇다고 부정도 저지르지 않는 사람이 45%, 틈이 있는지도 모르는 사람이 40%, 틈을 악용해 부정을 저지르고 회사를 그만두게 되는 사람이 5%, 틈을 메우려 프로세스, 매뉴얼, 업무 지침을 개정하는 사람이 10%, 이들 10%가 바로 촉망 받는 사원이고, 고과도 잘 받고 진급도 잘 될 것이다. 부정(不正)할 것인가, 개정할 것인가? 쉬운 답이다. 고민하는게 이상한 거다.

선배, 동료는 모르겠다. 하지만 부끄럽지 않은 선배가 되기 위해서는 후배를 위해서라도 개선을 해야 하지 않겠나? 부정하고 싶어도 금방 들통이 나기 때문에 부정을 시도도 할 수 없을 정도로 투명하게 매뉴얼, 프로세스를 개선해야 한다. 그래야 같은 회사 다니는 동료들과 오래 오래 같이 다니고 회사를 발전시킬 수 있다. 이런 틈을 메우는 개선 활동이 윤리경영이라고 생각한다. 부정 안하는 것이 윤리경영이 아니라 부정을 유발하는 모든 틈을 메우고 관련 된 것을 개선하는 것이 윤리경영이다. 바로 실행하자! 후배를 위하여 지금 바로 실행하자.

Tip

해외에서 근무하던 직원이 잠시 귀국해서 인사차 내 사무실에 왔었다. 양주를 한 병 들고 왔길래 나는 받을 생각이 없으니 다른 곳에 두고 오라고 몇 번을 말했다. 그 직원은 내가 의례적인 사양을 한 것이라 생각했는지 굳이 주려고 해서 크게 야단친 적이 있다. 해외에서 고생한 사람을 야단치는 것이 뭐하지만 앞날이 구만리 같은 사람에게 보약이다 싶어 호되게 야단을 친 것이다.

안 받겠다고 하는데도 굳이 주겠다는 사람은 인사팀에 반납해서 불우 이웃 돕기에 쓴다고 해도 잘 믿지 않는다. 그냥 내가 너스레 떨다가 집에 들고 가서 잘 먹을 것이라고 오해를 하기 때문이다. 내 연봉이 얼마인데 고작 양주 따위에 리스크를 걸겠는가? 그것이 리스크인지도 잘 모르는 것 같다. 부정 하지 않는 것이 윤리경영이 아니라, 부정할 생각도 못하게 개선하고 활동을 하는 것이 윤리경영이라고 하는데도 부정을 생각하니 답답할 뿐이다.

이사한 사무실에 5만 원 봉투를 내밀면서 "고생하셨는데 식사라도 하십시오"하고 협력사에서 주는 것은 받으면 안 된다고 알고 있다. 그런데 같은 협력사에서 5만 원짜리 화분을 사주는 것은 아무렇지도 않게 받는다. 협력사에서 우리에게 지출한 금액은 똑같이 5만 원인데 말이다. 이러한 것이 뇌물의 기술이다. 거부감 없이 받게 하는 것, 바늘 도둑이 소도둑 된다.

자기도 모르게 부정에 가까워지는 것이다. 아무 것도 받지 마라. 어쩔 수 없어서 받아야 한다면, 불우 이웃 돕기에 쓰겠다고 분명하게 말씀드리고 인사팀에 신고하라.

아랫사람이 윗사람에게 주는 것은 뇌물이다. 뇌물. 어떤 것이든 뇌물이다.

회사 내 윗사람이 아랫사람에게 주는 선물은 미풍양속이다. 많이 주세요^^

Chapter 25 도리, 타협하지 마라

중국 고대 상나라 명제상 이윤의 이르기를 “그 말이 마음에 들거든 도리에 어긋나지 않는지를 염려하고, 그 말이 마음에 거슬리거든 도리에 맞는가 생각하라” 하였다. 내 스스로 염려하고, 스스로 생각해 보라고 했다. 누가 이야기 했던지 간에 행하기 전에 도리에 맞는지 스스로 생각해 보라고 하는 것이다. 충분히 생각하고 행했을 때 그 결과를 끝까지 책임져야 하는 것이다. 누구 말을 듣고... 가 아니라.

그럼 도리란 무엇인가? “사람이 어떤 입장에서 마땅히 행하여야 할 바른 길” 또는 “어떤 일을 해 나갈 방도”라고 되어 있다. 일단 생각나는 것이 법이 있고, 회사 규정이 있으며, 업무 지침, 매뉴얼, 표준, SOP 등이 있다. 이것들에게 맞게 일을 하는 것을 말함이기도 하다. 뇌화부동하지 말고 사전에 약속한 사항들에 맞게 판단하고, 일을 하라는 의미로 생각한다.

신규 사업을 하거나 새로운 기획을 할 때 관련법을 찾아보자. 그 법에서 하지 말라고 되어 있는 것은 해 보아야 헛일인 것이다. 꼭 해야 한다면 시간을 두고 법 개정부터 해야 할 것이다. 그 다음 회사 규정을 지키고, 회사 투자원칙을 준수한다. 이런 것을 사전에 충분히 검토해야 뻘짓을 하지 않는다. 법에 특정사업은 영업 배상을 하라고 되어 있는데 차별화로 배상 보험 서비스하겠다고 준비하고 있는다든지, 사행성을 조장하는 서비스를 기획한다든지 하는 것들이 좋은 예라 하겠다. 담합하지 말라는데 편하게 영업하려고 담합해서 회사 말아 먹는 사례도 많다. 갑질하지 말라는데 실적을 위해 갑질을 일삼다가 세상의 지탄을 온몸으로 받는 사례도 많이 보았을 것이다.

물론 반론도 있다. 낡은 규정 때문에 해야 할 일을 못한다면 말이 안 되는 것이 아닌가? 맞다. 차례도 인터넷으로 지내는 세상인데, 할 것은 해야지. 그렇다. 할 것부터 하자. 낡은 규정부터 바꿔라. 그래서 제정(制定)만 있는 것이 아니라 개정(改定)도 있는 것이고, 그래서 개정이력이 많은 매뉴얼이 살아 있는 진짜 노하우가 많이 있는 보물단지가 되는 것이다. 10년 전에 만든 매뉴얼이 개정 한번 없이 그대로 있다면 그런 매뉴얼은 보지 말고, 꼭 봐야할 이유가 있다면 그것은 개정을 위해서 봐야 할 때뿐이다.

이렇게 개정 이력이 없는 매뉴얼은 있는 것이 차라리 없는 것보다 더 나쁘다. 없다고 하면 새로 만들면 될 것 인데, 뭔 이야기만 하면 있다고 하니 그냥 두는 경우가 태반이다. 회사 망한다. 질문을 바꾸어라! 물론, 있다면 마지막 개정은 언제 했는지 물어 보아라 1년 이상 되었으면 없는 것으로 간주하자. 즉, 도리가 없는 것이다. 1년 이내 라면 아직도 개정이라는 것을 알아듣는 수준이니 개정을 해보자. 1개월 이내 이고 몇 건이 있다면 순방향으로 매우 역동적으로 돌아가고 있는 것이 분명하다.

초콜릿 같은 달콤한 말과 선물을 팡팡 쏘는 사람과는 도리에 대해서 생각하고, 그들이 주는 선물은 사람의 도리에 맞게 불우 이웃 돕기에 적극 활용하면 좋을 것이다.(부정할 것인가? 개정할 것인가 참조)

도리를 잘 알고, 따르면 자다가도 떡이 굴러 나오고, 발 뻗고 잘 수 있다.

Tip

카파라치, 노파라치, 표파라치 등 변종 파파라치를 아는가? 정부와 지자체가 운영하는 신고포상제(900건)의 별칭 들이다.

카파라치는 교통 위반, 노파라치는 노래방 불법영업, 표파라치는 불법 선거 감시 신고 포상제의 별칭이다.

담합을 하면 서로 서로를 지켜줄 것 같지만, 먼저 자진 신고하는 회사는 과징금 등을 감면 받는 제도가 있어 불안과 초조 속에서 살아야 한다. 도리가 아니면 도리도리해라. 어른이 하는 도리도리는 하지 않겠다는 것이다.^^

Chapter 26 중요한 것의 높이, 토템폴

전사 전략 대회 같은 행사를 하면 계단식 강당에서 하게 된다. 이 때 소위 귀빈들이 앉는 자리가 재미있다. 10년 전에는 대부분의 행사에서 귀빈들은 맨 앞에 앉게 된다. 그 때마다 마음이 편해진다. 내 자리는 귀빈들 뒤에 있으니 편하다. 그리고 생각나는 것은 귀빈들은 고개가 아프고, 눈도 부담이 되겠다는 생각이다. 그 자리에 앉지 않으니 모르겠지만 그럴 것 같다. 다리는 편하게 뻗을 수 있겠다. 사실 자리는 중간 자리가 눈높이도 맞고 거리도 적당한데 굳이 맨 앞에 자리를 마련한다.

9년 전쯤에 사장 한 분이 뒤에다 자리를 마련하라 하시고, 뒤에서 대회를 보시게 되었다. 뒤에 사장님이 계시니 참 불편하더라. 졸지도 못하겠고. 메기를 뒤에 둔 미꾸라지 같은 느낌이랄까!

차를 탈 때 조수석 뒷좌석이 상석이라는 것은 상식이다. 하지만 택시나 일반 승용차를 탈 경우에는 상석이 참 불편하다. 여름에는 에어컨 바람도 잘 오지 않고, 작렬하는 태양이 뒷 창을 통해 뒤통수를 사정이 없이 가열, 땀 끈적끈적, 참으로 불편한 자리가 아닐 수 없다. 그래서 여름에는 조수석에 앉는다. 에어컨 시원하고 뒤통수 덮지 않고... 상석 웃기지 마라. 상사가 앉고 싶은 곳이 상석이다.

행사 준비할 때도 한 번쯤은 상사에게 문의하라. 어디를 원하시는지 꼭 물어 보자!

내가 몸담았던 회사에서는 '과도한 의전은 과례'라고 했다. 실화다. 의심하지 마라. 실천했으니까!

아메리카 원주민들이 토템폴을 만들어 세울 때 가장 중요한 인물을 어디에 새기는지 보았더니 사람 눈높이에 위치를 시킨다고 한다. 중요한 인물이라고 폴 꼭대기에 새기지 않는 다는 것이다. 지상 5M, 10M 높이의 토템폴 꼭대기에 있으면 쉽게 볼 수 없기 때문이다. 참 현명한 사람들이지 않은가? 단지, 서열로만 보면 꼭대기에 중요한 사람을 새겨야 하지만, 진짜 그 분들을 기리기 위해서는 잘 보이는 눈높이에 새겨야 하는 것이다.

우리는 회사에서 이런 우를 범하지 않는지 다시 보자. 최근에는 격식을 많이 파괴하고, 효율 중심으로 움직이고 있다. 그래서 과한 의전은 삼가고, 사소한 것이지만 예를 들어, 인사도 90도 인사는 하지 말라고 하고 있다. 대부분의 임직원은 그것을 실천하려고 노력을 하고 있다.

그럼에도 불구하고 아직도 상사와 고객 중 누구를 케어할 것인가를 가지고 고민을 하는 일부 회사원들이 있는 것 같다. 당연히 고객이 아닌가? 이게 왜 고민이지 하는 사람이 많으면 다행이지만 의외로 고객보다 상사를 중시하는 분들을 너무 많이 보아서 노파심에 적어 본다. 아메리카 원주민과 같은 현명한 분들만 있다면 좋을 텐데...

상사와 고객 사이에서 고민하게 되는 경우를 따져 보자. 매월 우수 영업 인력을 본사에 모셔서 식사를 대접할 때 우수 영업사원은 고객일까? 자기 상사만 신경 쓰는 사람은 우리 우수 영업사원을 고객으로 보지 않는 것이다. 사실 매우 중요한 고객인데, 여러분이라면 우리 영업사원이 토템의 어느 위치에 있어야 된다고 생각합니까? 고객과 행사를 주관하고 있을 때 주관자가 지원 나온 자신의 상사가 불편한 것이 없을까 하고 지나치게 신경 쓰는 것은 고객이 누구인지를 잘 알고 있는 것일까? 지방 현장에 간 김에 격려할 겸, 지원 요청할 겸 해서 타사업부 지사장과도 같이 식사를 하겠다고 하니, 해당 지사장을 KTX역으로 불러 식당까지 모시게 하겠다고 하는 것은 고객 정의를 제대로 알고 있는 것 일까? 그냥 식당에서 만나면 되는 것을. 임원은 혼자서는 어디 다니지도 못하는 팔푼이로 생각하는 것 같은 느낌이다. 고객을 모시고 같이 있을 때, 상사에게만 정신 팔려 있는 직원은 그 직원에게는 고객이라는 존재가 토템의 꼭대기에 있는 존재라 감히 범접할 수 없어서 그러는 것 아닌가 하는 생각이 든다. 상사와 고객을 기다리다 상사가 손으로 고객을 가리키며 저기 오셨다고 하는데, 고객은 보지도 않고 상사 손에 무엇이 묻었다면서 털어 줄려고 하는 사람은 아니길, 상사는 여러분을 진급 시킬지 모르지만, 고객은 여러분을 확실히 자를 수 있다.

중요한 것은 항상 잘 보이는 눈높이에 두고 잘 소통하자.

고객의 토템폴 위치는 당신의 눈높이다. 다른 것 대신에.

Chapter 27 골수, 변하지 못하는 사람들

11월이면 한 해의 성과를 마무리하는 시기이다. 평소에 놀았더라도 11월에는 열심히 일해서 눈도장도 찍고 해야 하는 달이다. 그래서 11월은 전통적으로 해외여행 경비가 적게 들어가는 여행 비수기인 것 같다. 그런데 이번에는 이상한 일이 생겼다. 그룹장들 보기가 힘든 것이다. 왜냐고? 11월에 휴가 간다고 없다. 전부 모이는 경우가 참 없다. 이런 어이없는 일이 어떻게 생기냐고?

10장의 일 잘하는 사람 편을 보시라, 여기 그룹장들은 희생적이고 열심히 일하는 사람이 여전히 회사에서 원하는 사람일 것이라는 착각을 하고 있는 사람들이다. 그래서 휴가도 안가고 눈치 보고 있다가 휴가를 쓰지 않으면 조직 평가에 마이너스를 주게 되니까, 부랴부랴 휴가들을 가게 된 것이다. 조직 평가에 반영한다는 것을 11월에 새로 공지한 것도 아닌데, 휴가를 안 쓰면 조직 평가에 불이익을 준다는 것은 벌써 몇 년 전부터 해 오던 것인데도 그런다.(혹자는 그러더라, 오죽하면 그러겠냐고...)

휴가를 가라고 해도 안 가는데 일을 하라고 하면 그 일은 제대로 하는 걸까? 깊은 고민이 된다. 나와 입사 동기인 한 분은 최근 10년 동안 휴가를 써 본 적이 없다라고 하는데, 나는 연월차 수당을 거의 최소액만 받을 정도로 휴가를 아주 잘 갔다. 한 사람은 휴가를 전혀 안가고, 한사람은 휴가 잘 가고, 그런데 둘 다 임원이 되고 누가 손해 본 것인지...

골수(骨髓)라는 표현을 썼다. 골수는 마음속이나 마음속의 깊은 곳이다. 그런 곳에 박혀서 웬만해서는 변할 수 없는 그런 상태 또는 사람을 말한다. 그러지 마세요. 세상은 엄청 빠르게 변하고 있다. 휴가 내고 나와서 일 하라는 사람도 있으니 뭐 더 할 말이 있겠냐마는...

회사에서 불이익을 주겠다고 공식적으로 공지하고 평가에도 반영하는데도 휴가를 못 쓰는 사람들은 열심히 일하는 사람은 될 수 있으나, 생산성 높은 사람은 될 수 없다. 도무지 시간을 단축해서 효율적으로 일할 수 있는 방법을 하나도 생각하지 않을테니 말이다. 오늘 10시간 했으면, 내일 10시간 일해야 되는 사람. 이런 사람과는 중요한 일을 같이 할 수 없을 것 같다. 월급은 매년 오르는데...

골수에 새겨야 할 것은 하나다. 지속적인 개선, 어제보다 나은 내일.

내가 가장 왕성하게 일을 할 때, 휴가도 제일 많이 갔던 것 같다. 강원도 산골짜기 길을 거의 다 알 정도였으니까! 산에 오를 때도, 계곡에 루어를 던지고 감으면서 무심히 있다 보면, 일상생활이든, 업무든, 관심사든 머리 속에 나타나 그야말로 관조를 하게 되고, 그러면서 정리가 되고, 새로운 아이디어가 나오는 경우가 종종 있다. Refresh도 되고, 관조도 할 수 있고, 건강도 챙기고 1석 3조.

일을 고급지게 하고 싶으면 휴가를 잘 써라. 휴가 가즈~아!

Tip

극단적인 것을 일반화해 보겠다. 7.4제라고 7시 출근해서 4시에 퇴근하는 제도가 있었다. 그 제도를 전격 시행 했을 때 많은 사람이 맨붕에 빠졌었다. 4시면 한참 놀 때, 아니 일할 때인데 퇴근하라고 하니 말이 안 되는 것이다. 그래도 강제로 퇴근을 시키니 일이 남아도 퇴근하게 된다. 그러나 일하던 시간에 일을 해야 하는데 대낮부터(?) 놀아도 집중이 안 된다.

7.4제 전에는 특별한 일이 없으면 늦게 퇴근하는 것이 관례였다. 그러다 보니 어차피 늦게 퇴근할 것인데 일을 아끼면서 하곤 했다. 야근 수당 올려야 하는데 저녁에 빈둥빈둥 있다가 야근 수당 올리기가 미안하니까. 일을 효율적으로 시스템적으로 해야 할 이유가 별로 없었다. 물론 이 때도 하루 종일 정말로 열심히 일하는 사람도 많았다.

근데, 4시에 퇴근하려고 하니까 슬슬 발동이 걸리려고 하는 시간에 퇴근을 해야 하니 미치겠는 거다. 자연적으로 근무시간에 충실하게 된다. 일이 많은 사람은 고민을 하게 된다, 일을 더 쉽고, 빨리 효율적으로 하는 방법이 없나? 고민을 한다. 문명의 이기를 최대한 활용하게 되고, 계획적으로 일을 하게 되고, 효율을 생각하게 된다. 꼭 7.4제 다시 하라는 말처럼 들리는데 그 말이 아니다. 분명하게 말씀드리는 것은 그러한 것을 하지 않고, 항상 일을 쉽고, 빠르

고, 효율적으로 즉, 생산성이 높게 하는 방법을 연구해야 한다는 것이다. 떠 밀려서 하지 말고^^

그리고 퇴근 후 저녁도 즐기고, 휴가도 즐기자.

오랜 시간 일 하는 것이 회사를 위하는 것이 아니라, 생산성 높게 일을 하는 것이 회사를 위한 일이고, 자기 자신을 위한 것임을 명심하자. 시간을 줄여서 생산성을 높이는 것 보다는 성과가 커져서 8시간만 일해도 더 많은 월급을 가져가야 진정한 생산성을 높이는 것이다. W=FS. 10,000=1×10,000이다. 이게 답이다.

몸빵! 이제는 그만 하자! 워라밸 시대다.

Chapter 28 중용 23장, 변화 시키고 싶거든

중용 23장은 이렇다.

其次(기차)는 致曲(치곡)이니
曲能有誠(곡능유성)이니
誠則形(성즉형)하고
形則著(형즉저)하고
著則明(저즉명)하고
明則動(명즉동)하고
動則變(동즉변)하고
變則化(변즉화)하니
唯天下至誠 (유천하지성)이야
爲能化(위능화)니라.

작은 일도 무시하지 않고 최선을 다해야 한다.
작은 일에도 최선을 다하면 정성스럽게 된다.
정성스럽게 되면 겉에 배어 나오고
겉에 배어 나오면 겉으로 드러나고
겉으로 드러나면 이내 밝아지고 밝아지면 남을 감동시키고 남을 감동시키면 이내 변하게 되고 변하면 생육 된다.
그러니 오직 세상에서 지극히 정성을 다하는 사람만이
나와 세상을 변하게 할 수 있다.

좋은 말이다. 영화 "역린"에서는 중용23장을 이렇게 쉽게 표현했다.

자기를 변화 시키고 싶은가? 지극한 정성으로 자신을 대하라.

상사를 설득하고 싶은가? 지극한 정성으로 준비해라

조직을 변화 시키고 싶은가? 지극히 정성을 다해 조직원 모두를 대하라, 솔선수범하고, 약속을 지키고, 꾸준히 하고 변화의 모습을 보여 주고 방법을 가르치고 같이 하라.

Tip

표준을 개정하라 했더니, 해 본 사람이 없어 그런지 몇 달 동안 진척이 없었다. 그래서 내가 직접 같이 하면서 방법과 표준안을 만들어 주고, 이것이 왜 중요한지를 지속적으로 교육을 했다.

디테일하게 작성법과 사례를 만들어 주고, 표준작업지침서을 개정하자고 했다. 처음에 어설프게 만든 것을 일일이 검토하고 보완해 주고, 잘 했다고 칭찬도 하니 표준작업지침서가 개정이 되기 시작했다.

개정할 부분을 지적만 해주어도 개정하겠으니 매월 잘못된 부분을 지적해 달라고 하고 제일 많이 지적한 사람에게 시상을 하니 표준작업지침서가 제대로 되기 시작했다. 결국에는 현장에서 스스로 새로운 표준작업지침서를 제정까지 하게 되었다.

지극히 정성을 다하자. 변할 것이다.

본사에서 업무연락을 현장에 메일로 딱 한번 보내 놓고는 업무연락을 보냈는데 현장에서 실행이 되지 않는다고 현장을 탓하는 본사 직원이 의외로 많다. 나는 그런 본사 직원에게 정성스럽게 이야기한다. 최소한 10일간 매일 매일 업무연락 메일을 보내라고, 적어도 그 정도는 해야 본사 담당자로서 최소한의 일을 한 것이라고 했다. 좀 더 잘하려면 현장 책임자에게 메일 접수 및 현장 공유 상황을 카톡이나 전화로 직접 확인하고, 더 잘 하려면 현장을 한 곳이라도 방문하여 직접 확인하라고.

자기 일을 제대로 하고 싶으면 중용 23장의 정성을 잊지 말라고, 정성을 드리기 위해 시간이 필요하다면 그 시간을 벌기 위해 현재의 업무를 개선하라고 주문하고 싶다.

Chapter 29 해 보기라도 할 걸

루실 볼(Lucille Ball)이라는 미국 여배우가 이런 말을 했다.

『나중에 인생을 돌아 볼 때
"젠장, 해보기라도 할 걸"이라고 말하는 것 보다
"세상에, 내가 그런 짓도 했다니"라고 말하는 편이 낫다.』

매일 기도를 했는데, 로또를 당첨 시켜 주지 않았다고 더 이상 신을 믿지 않고, 기도도 하지 않겠다고 하자, 신이 그 사람에게 나타나서 이렇게 말한다. 당신이 로또를 사야 1등이든 2등이든 당첨을 시켜줄 것이 아닌가, 이 바보야...

뭘 해보고 결과를 바래야 하는데 아무 것도 하지 않고 결과만을 바라는 것은 참으로 어리석고, 해서는 안될 짓이다. 하지 않았으니 결과도 바라지 않았다고 자기는 공정한 사람이라고 자부하고 있는 사람도 개진 도진 이다.

죽기 전에 하는 후회 중 하나가 "내 인생이 아닌 타인의 기대에만 충실했다"이다.(브로그웨어의 "죽기 전에 가장 많이 하는 후회 5 가지" 중에서)

상사가 또는 조직이 시키는 일이 아니라 내가 회사에 도움이 된다고 판단한 일을 스스로 선택해서 해 보자. 시킨 일은 잘 생각해서 효율적으로 일을 할 수 있도록 심플하게 만들어라. 랜덤한 일을 루틴한 일로 만들어라. 그리고 그렇게 아낀 이 소중한 시간을 본인의 일을 위해 써라. 재미있을 것 같지 않나? 회사가 점점 좋아지는 것이 나로 인해서 라는 것을 혼자서 음미해 보자. 꼭 해보고 싶은 상품, 서비스, 효율화가 있다면 눈치 보지 말고 하자. 첫 번째에는 성공하기가 힘들어도 열 번까지는 가지 않는다. 설혹 열 번 간들 어떠랴? 본인이 발전하고 있는데...

지금 쓰고 있는 이 책은 일견 남을 위해서 쓰는 것 같지만, 내 30여년 회사 인생을 정리하는 것이다. 회사를 그만두고 나중에 할 것이라고 하는 순간부터 조금씩 잊게 되고, 현실 감 떨어진다. 그래서 퇴직하자마자 쓰려고 하다 보니 백수가 과로사 한다는 말을 실감할 수 있다. 하지만, 행복하다. 이렇게 나의 회사 인생이 정리되고 있으니, 조금이라도 할 말이 있으니 행복하다.

해 보기라도 해야 할 것 같아서 새로운 도전을 준비 중이다. 내 이력을 보면 한옥목수 이력이 짧게 있다. 꼭 해보고 싶은 일이고 잠시 경험했던 목수 일을 잊지 못해서 이다. 시간이 더 지나면 체력 때문에 도전도 못할 것 같아서 서둘러 해 보기라도 하려고 한다. 이미 현장에서 잔뼈가 굵은 목수 동기들과 같이 하면 도움도 많이 받을 수 있을 것 같다.

후회 하는 것 보다, 해 보고 싶은 것은 하자.

Tip

회사 일을 하면서 다는 아니지만 해보고 싶었던 것을 많이 해 보았다. 해 보고 싶다는 절실함이 있었던 것 같다.

모토롤라의 6시그마를 처음 접했을 때 꼭 우리 현장에 접목 시키고 싶었고, 적용했다. 그 표준작업지침서를 내 선배가 나중에 잘 활용했다고 했다.

DB마케팅 책을 보고 좋은 것이라 판단해서 회사 일에 적용했다. 훌륭한 박사들이 좋다고 하는데 안할 이유가 없지 않은가.

상품 출시 전에 고객선언문이라는 것을 발표하기 전에 회사에게 급하게 나를 찾았다. 2년 동안 고객만족경영에 대해서 나와 동료 둘이서 준비하고 있었던 것을 우리 상사들이 알고 있었기 때문이다. 도미노 피자의 30분 배달, 모 자동차의 No satisfaction, No payment 등에 대한 다양한 사례와 경영에 미치는 영향들을 조사했었다. 국내는 Data 부족으로 회사에 이익이 된다는 명확한 근거가 없었다. 하지만 장기적으로 틈틈이 조사하고 연구하고 있었는데 그것이 필요했던 것이다. 여하튼 고객선언문은 출시와 함께 발표되었다. 해보고 싶은 것은 하자! 회사 나가라는 것이 아니다^^

회사에서 해볼 것은 다 해보라는 것이다.